JN192117

「感情のごみ箱」にする人 される人

占いカウンセラー
更紗らさ

はらってもはらっても
消えないモヤモヤを
一緒に消していきます

三楽舎

まえがき

その人に会うと、帰り際にはなんだかすっかり憂うつになってしまう、そんな人、あなたのそばにはいませんか？

私たちを取り巻く環境で多くの人が抱えているのは行き場のない「感情のゴミ」。誰かの「感情のごみ箱」にされてしまい、そして自分も誰かを「感情のごみ箱」にしてしまう負の連鎖です。

自分が不愉快だということを他人に撒き散らしても、たぶん事態は変わりません。

その場では、一時的には気が済むかもしれませんが、そのごみは誰かが綺麗に片付けてくれるわけもなく、道端に置きっぱなしなのです。見るたびに気分が悪くなる放置されたごみのように。

なのに、自分のなかで消化できないことが起こると、無意味に不機嫌を撒き散らしてしまう人がたくさんいます。

ある日のこと、男性が昼食で入った定食屋でぞんざいな対応を受けたとします。お昼休みが終わり、部下の書類をチェックすると、その中に小さなミスを発見します。先ほどの定食屋の店員に対して残っていた怒りに火が付き、「なんだこの間違いは！やる気あるのか、何度言えばわかるんだっ！」と皆の前で怒鳴ってしまいます。

「えっ、そんなにまで怒鳴られることか?!」と、部下は怒りとともに悲しくなり、そしてモヤモヤしてきます。

そのモヤモヤが残ったまま帰宅したところ、子どもがちょうど寝る間際。かなりぐずっています。

思わず奥さんに「さっさと寝かしつけろよ！」と、怒鳴ってしまいます。奥さんは、イライラをぶつけてくる旦那さんに対して失望と怒りを抱き、独身の女友達に旦那さんの悪口と愚痴だらけのラインを…と、負の連鎖は続いていきます。


一人の感情のごみからはじまった、「感情のごみ箱」の連鎖。

こんなにもたくさんの人の不快を作ることになります。


SNSで誰かを攻撃をしても状況には何ら変化は起きないでしょうが、うっぷんは晴れるかもしれません。

しかし、それを読んだ人には、少なからずマイナスの感情が伝わっていきます。

おかしいなぁ今日は元気なはずだったのに、あの人に会って話していると帰り際には憂鬱な気持ちになっちゃうな。

SNS見ているとなんか憂うつな気分になっていた。

そんなときは、誰かの「感情のごみ箱」になってしまっているのです。

本書は、そう言った「感情のごみ箱」の連鎖について、そしてどう対処していくことが良いのかをお伝えしていきます。

感情のごみ箱にはたくさんの種類があります。

「かまってほしい」

「いつもいつも私だけを見ていてほしい」

「なんで私ばっかり！」というような、ないない、ほしいほしいという「不足の感情」

「私なんか…」

「出会いがない！　何も良いことが起きない！」という、待つだけで自分からは「努力をしたくないという感情」

でも、本人は辛いのは間違いないのですから、そこをどう考えを変えていけば良いのかがわかれば、負の感情からさよならできます。

『感情のごみ箱』によって起きてしまう孤独感、焦り。

大丈夫！　変えることができるのです！

恋愛がうまくいきたい！　仕事がうまくいきたい！　でも何かうまくいかない…。

みんな嫌いっ！

そんな思いにモヤモヤしているみなさんへ、本書では小さな工夫でできる、でもとても大切な提案をさせていただいています。

はじめから読んでいただいても、気の向くところから、ページを開いてでも、あなたの好きな読み方で読んでみてください。

きっと、あなたの心が軽くなるページに出会えると思います。辛い時、愛されていないと感じる時、SNSのあいつが気に入らないと感じる時、みんな大嫌いと叫んでしまいたい時、辛いな、淋しいなと感じるあなたの気持ちを楽にして、あなたの心のごみが空っぽになることを願っています。

そして、読み終えた時に、ちょっとでも自分を好きになって、周りの人のことも好きになって、私の人生ってまんざらでもないかも、そう思っていただけたら、素直にうれしいですし、そう思ってくださったあなたを、ぎゅううぅうと抱きしめたいです。

さあ、それでは、あなたの心のごみ箱を綺麗にして、自分にも周りにもシンプルに優しい気持ちなれるようページをめくってみてください。

——あなたの運命の輪が大きく回り始めることを願って——

更紗　らさ

まえがき

1章　起き上がれないくらい辛いあなたの理由

2章 その辛い気持ち、誰かに「感情のごみ箱」にされているからじゃない?

4章　心に溜まっている「ごみ活用」をすると状況は変わり始める

5章　ご機嫌でいると運が貯まる

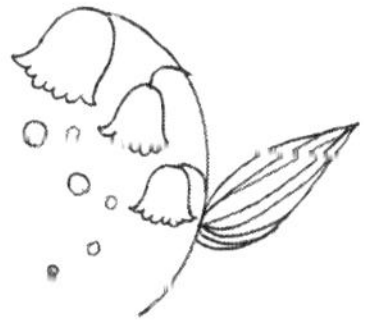

6章 明日も起きるのが楽しみになる幸せ感度の上げ方

あとがき

起き上がれないくらい辛いあなたの理由

第1章

起き上がれないくらい辛い時に

しんどい……は心が骨折しているから、まずは休む

「こんな自分が嫌……」

そう思うことありませんか。

「起き上がれない……」と悩んでらっしゃる方、たくさんいますね。

私も「このまま起き上がれなかったらどうしよう」と思っていた時期がありました。

「このまま死んじゃいたい」と常に思っていました。今でも、たまにそう思うこともあります。それでも、日常のやらなくてはいけないことは減るわけではないし、私は、こうやって生きています。

「しんどいときは心が骨折しているから、まずは休む」

ただ、ずっと寝ていると嫌悪感が襲ってきます。見た目は、熱があるわけではないし、骨折など怪我をしているわけではないですから、「なまけもの」に見えてしまうんです。

なまけものに思われているんじゃないか…。「起きなきゃ、やらなきゃ」起きられない自分を責めて責めて、寝ていてもリラックスできない辛い状況になります。そんなときに「やらなきゃ」と思うことを全部やるのは無理なんです。

何故って、今、心が骨折しているからです。少しのヒビなら少し休めば良いでしょうが、複雑骨折だったら、少し休んでも、また動いてしまえば逆戻りです。

まずは、休む。そして、休んだことに嫌悪感に襲われてしまったら、ひとつだけ何かをしましょう。

「今日は、トイレ掃除だけ」「今日は、メールの返信だけ」「今日は、病院に行くだけ」と何かひとつだけしましょう。そして「今日は○○出来たからいいじゃない」と自分に言ってあげてください。

『幸福とは心の習慣である』マクスウェル・マルツ

まずは小さなひとつから始めましょう。そして、**出来なかったことに目を向けるのではなく、「こんな状況でもやれた」自分に目を向けてあげてみてください。**

そして、たとえどんな小さいことでも「できたこと」「うまくいったこと」に目を向けていくようにします。

思い切り自分を褒めてあげましょう。

「あんなにしんどいなか、トイレ掃除できてえらい！」と声に出して。

心が骨折してしまっても、小さな行動とそれをほめることで、そこから抜けだせることはできてきます。

そうやって心の骨折を癒しているうちに、時間という優しいナースがあなたの骨折を少しずつ治していくのです。本当にそれは1ミリずつですが、自然治癒という神様からのギフトを思いっきり味わって少しずつあなたも再生すればいいのです。

夜明け前がもっとも暗いといいます。朝の来ない夜はありません。

地球は自転していますから、いつまでも夜は続かないのです。

ですから、あなたが今暗闇にいても、いやでも朝は訪れます。

しんどい時には、寝ていることが心のリハビリになるのです。

そして、ゆっくり起き上がればいいのです。

ゆっくりとゆっくりと。

1時間だけでもいつもと違う自分になってみる

変わらない現実を変えられる唯一の方法

鑑定に来られる方のなかで「私、なかなか人を好きにならないんです」とおっしゃる方がいらっしゃいます。好きになれそうな人に会うために必要なことは、どう思考を変えるかではなくて、どう行動するかの実践が大切です。

行動なくして何も変わりません。

『（潜在能力を掘り起こすのに必要なのは）行動だよ。何もしないで、ある日突然

潜在能力はあらわれはしない』勝沼精蔵

行動してみなければわからないことがたくさんあります。たとえ霊感や直感力があっても、ただ頭の中で考えているだけでは、Get lost つまり迷い込んだ世界のまま。

『実行せざる思い付きは空想と称し、また妄想と称す』国木田独歩

「それ苦手だから」と言わないで、とりあえず少しでもやってみましょう？ Get lost を Realize に。そう、迷い込んだ世界を実行に移して現実化していくのです！

ただ、苦手な事をやり続けるのは辛いですよね。

苦手な事…

でもやらなくちゃいけない事…

やれたらいいなって思う事…

まずは、それらを苦手と言い切ってしまわない。

そして、今の自分でもちょっとなら出来そうに思えることを、まずは今日一日だけ

（一日が無理なら1時間だけでも）と決めてトライしてみてほしいのです。

例えば、掃除、近所の人とコミュニケーションをとる、知らない人と話す、節約など。掃除だとしたら、部屋全部を片付けするのは気が遠くなるから、玄関だけいらないものを一個でいいので捨ててみる、クローゼットの中の目に入る部分でゴミ袋ひとつ分だけ捨ててみる。近所とのコミュニケーションなら、自分から挨拶をしてみる、「今日もいいお天気ですね」と言ってみる。いつも愚痴ってばかりの人は、今日だけは言わないでいる、それだけでいいのです。

『今日だけはいつもと違う自分になってみよう』その気持ちがプラスのエネルギーとして魂に響きます。そして、トライした自分を、声に出して「やったよ、偉いじゃん、私」と褒めてみてください。

ちなみに私は朝早く起きるのが苦手ですが、いつもより早く起きる日があります。そんなときは、「偉い！」と支度しながら、自分を褒めまくります。

今の状況が苦しいときには、いつになったらこの悩みから解放されるんだろうと考えてしまいます。途方もない未来をみつめて余計に落胆してしまいがちです。

そんなときも今日一日だけと思って行動を起こしてみるのです。

『今日だけは、愛想よくしよう。できる限り晴れやかな顔をし、穏やかな口調で話し、礼儀正しく振る舞い、惜しげなく人を褒めよう。他人の批判やあら探しを慎み、他人を規則で縛ったり、戒めたりすることをやめよう』（シビル・F・パートリッジ「今日だけは（Just for Today）」より）

1時間だけでいいので違う自分になってみる。それはいつしか、迷い込んだ世界を現実へと変える手がかりとなるでしょう。

時が病気だったらどうするの？

「時間が解決する」と言っても、悲しみのどん底にあるときは、その「時間」自体が悲しみで病んでしまっている

「時が癒す？　時が病気だったらどうするの？」これは、『ベルリン・天使の詩(Der Himmel über Berlin)』１９８７年公開のフランス・西ドイツ合作映画の中で、守護天使ダミエルに、サーカスの舞姫マリオンが言ったセリフです。全てを包み込む詩のような語り。観ていない方は、ぜひ観てほしい映画のひとつです。

放っておいても、時は傷を癒してくれるでしょう。でも、それだけでなく、自分自身でも後ろばかり見るのを少しお休みして、前向きな気持ちを自分に与えてあげる……。少しでいいのでそんな努力してみませんか？　だって自分を幸せにするのは自分自身なのですから。あなた次第なのです。

あなたにしかできないこと、あなただからできることが、必ずあります。与えられた無限の可能性を最大限に生かすか否かは、あなたが決めることができるのです。

たとえば、失恋したときや、かわいがっていたペットが亡くなったとき、人はひどく落ち込みます。

そんなときによく言われるのが、「大丈夫だよ、時間が解決するよ」という言葉です。

もちろんそう言う人にまったく悪気はありません。そして言われた側も、それが真実だということを知っています。

だけど、「今、それを言われても何の慰めにもならない」と感じてしまいますよね。

そんなことはわかっている、でも私は今、苦しくて悲しくて、そのことしか考えられないの…それが本音でしょう。

「時間が解決する」と言っても、悲しみのどん底にあるときは、その「時間」自体が病んでしまっているのです。

あるいはこう言う人もいます。

「新しい恋をすればいいじゃない」「亡くなった猫ちゃんのことをずっと考えていると、亡くなった子が悲しむよ。新しい子を迎えるといいんじゃないの？」

これもまた見当はずれな慰め方と感じますよね。

あなたにとって、別れた彼こそが愛した人であり、亡くなった猫ちゃんこそが愛するペットだったわけですから。

そして、喪失感と悲しみで胸がいっぱいのとき、「新しい彼」「新しい猫ちゃん」に向かっていく気力など、湧くはずもありません。

その抱えている喪失感と悲しみは、ほかの人、ほかのペットで埋め合わせることはできません。

しかし、人間の生きている時間は限られています。

いつまでも悲しみだけに浸って時をやり過ごすのは、とてももったいないことだと思うのです。

少しでも「これならちょっとやってみてもいいかな」と思えることをみつけて実行してみませんか？「今のこのどうしようもなく悲しい状態でもできそうなこと」を考えてみるのです。

深く考えなくてもいいハッピーエンドの映画や、ただただ笑えるYou Tubeなどの面白動画を観るとか、ほんとうに簡単なことでいいのです。私はよく『バック・トゥ・ザ・フューチャー1、2、3』を観ていました。

最近は滅入ったとき、難しいことを考えたくない時には〝けん玉〟をやっています。それで穴が埋まることはありませんが、さらに深く掘ってこじらせてしまうことは避けられます。

悲しみで「穴」が空いてしまった心。真っ正面から向き合うには少し時間が必要です。

ですから、その穴を埋めるのではなく、まったく別のことをして「山」を作るイメージをもってみてはいかがでしょうか？

たとえばあなたは彼からもらった大事なブレスレットをなくしてしまいました。それを穴としましょう。しかし、そのなくしてしまったブレスレット、つまり「穴」の埋め合わせはなかなかできません。

だったら、埋め合わせはやめてしまい、前から欲しかったバッグを買ってみる！

穴を埋めるのではなく、違うところにきれいな山を作るという発想です。

悲しみで時が病んでいるときには、そんな風にして辛い出来事に向き合うことから、少しずらして行動してみる。

そうすることで、少しずつ前向きになって進んでいかれるようになるかもしれませんね。

うまくいかないのは先祖の因縁や前世のカルマのせい？

すぐには答えの出ない問題を、遠い過去のせいにしないで“今”を生きる

恋愛において、「二人の関係がうまくいかないのは、前世のカルマのせい……」とおっしゃる方がいらっしゃいます。連続性のあるカルマの概念は、お釈迦様が否定し

ています。もちろん連続性のあるカルマの概念を否定するつもりはありません。しかし、うまくいかないのを「前世の行いのせい」にして鑑定やセッションを完結してしまうのは、いかがなものでしょう。

前世のカルマのせいにして「そうしないともっと酷くなる」「このままだと地獄に落ちる」と、言ってしまうのは「呪い」「祟り」を悪用しているとしか思えないのです。

もし、悩んでいるあなたに高価なものを買うように勧めたり、何十万ものご祈祷料を請求されたとしたら、それは「ちょっと待って」です。

先祖の因縁や前世のカルマ……。もつれにもつれてしまって、どうしようもなくなってしまうこともあります。けれども、今、現在の世界をあなたは生きているのです。

まずは、現実から逃げないでほしいのです。「何が自分にとって良いことかわからない……」そう思ってしまっても、目には見えない、今ここにあるあなたの愛の形を見つめてみてください。今、この瞬間、1秒1秒を大切に生きることに集中する。それは、いくら考えても答えの出ないことに費やすのではなく、今をしっかり見て生きるということです。

答えの出ない問題、本当の答えは誰も知らないことを悩み続けるよりも、今を大切にすることが大切です。

今の目の前のことを大切にできない人が、先に起きることを大切に思えないものです。大切なのは、今なのです。

『幸福には、明日という日はありません。昨日という日もありません。幸福は、過去のことを記憶してもいなければ、将来のことも考えません。幸福には、現在があるだけです。今日という日ではなく、ただ今のこの瞬間があるだけです』イワン・セルゲーエヴィチ・ツルゲーネフ前世やカルマという〝今〟ではないものに逃げることは、一時的に荷物を下せるでしょう。しかし、それだけで二人の関係がうまくいくのか少し考えてみてほしいのです。

ずっと良くない状態のままということはありません。

夜の後には必ず朝が来ます。どんな形にしても何かしら物事は動いていくのです。好きな人とうまくいかない時間は果てしなく長く感じるかもしれません。しかし、何か別のことのせいにして逃げても解決は図れません。

あなたの今を大切にして、ほっとできること、自分が「私よくやった！」と思えるほんの小さなことを探してみてください。

例えば本を一日5ページ読む、今日あったことを書くなどなんでもいいのです。日常という時間のなかで自分と少し向き合い、1ミリでも進んだなと感じることをやってみてください。

今日を積み重ねていくうちに、現実のなかで、糸口は自然とみつかっていきます。
〝今〟を大切に生きていきましょう。

「なんで私ばっかり我慢しなきゃならないの?!」ダメダメパートナー。それでも別れたくないのなら……

欠点を直すのは、あなたではなくて、相手が自分ですること

「なんで私ばっかり我慢しなきゃならないの？！」

ダメダメパートナー。それでも別れたくないのなら……

「相手の不機嫌は相手の感情。私は私」

そう考えることができずに、どうしても相手の不機嫌にイライラしてしまうのは、あなたの心が疲れていて余裕がないのかもしれません。相手の不機嫌につられて不機嫌になってしまうのでは、あなた自身も損をしてしまいます。「いいの、私も怒ってやる」と、開き直ってしまったら、自分で自分の首を絞めているようなものです。

誰でも、「自分を受け入れてほしい、わかってほしい」と願います。だとしたら、まずは相手の良いところも、悪いところも受け入れてしまいましょう。

それは、ただ単に、受け入れるのではなく、相手の〝ありのままの自分でいる権利〟を受け入れてしまうのです。

理不尽に感じることもあるでしょう。「なんで私ばっかり」と思うのも当然です。でも、パートナーと仲良く幸せに前に進みたいのなら、よくあることとして受け入れてしまいましょう。別れると決めてしまったのなら、話は別ですが……。

受け入れるということは、自分同様、長所も欠点も持っている人だと認識すること
です。欠点があることを知りながらも、長所も見るのです。

相手の欠点を直そうとする必要はないということではありません。ただ、欠点を直
すのは、あなたではなくて、相手が自分ですることなのです。

あなたが、相手を直してあげるという思いは、止めて、今のままの相手を認めてみ
るのです。そして、良いところに感謝してみましょう。

人はパートナーの欠点に気づくと、変えようとしたり、良くしてあげようと思いがちです。しかし、あなたがすることは、相手を良くすることではないのです。

実は、自分自身を良くしようとすることが大切なのです。

そして、信じてみてください。自分が変われば、良いことが起きるということを。

それが相手を変えるのに一番良いことかもしれません。

相手の変化は、相手に任せて自分をせっせと磨いているうちに、相手も変わっているという素敵な結果になるでしょう。

なんかうまくいかない……そんな時には？

苦い薬こそ神様がくれた成長のチャンス

なんかうまくいかない……。
運気が悪い気がする……。
いままでこんなことなかったのに……。
そんな時、これ以上悪くなったらどうしようと焦りますよね。正直、私もありま
す。スランプかなと。生きていたら調子の良い時も、悪い時もあります。365日ト

ラブルなしだったら、幸せな事があたりまえになってしまいますもの。

このなんかうまくいかない時にこそ、学びがあるのだと私は捉えています。失恋して苦しい時に、必死に本を読んだり、気持ちを紛らわそうとして今まで目が行かなかった物に目が行ったり。仕事でうまくいかなかった時に、資格の勉強を始めようと決心する。転職を考えて改めて自分の生きる道を模索してみたり。運気が悪いなと思って、神社に行って良い景色を見る。良い気に触れる。人に親切にしよう、自己を啓発しようとしたり。

自分の成長のチャンス到来と捉えてしまいましょう。

ずっとラッキー、ハッピーだったら、人は成長がないんです！

辛い時は、神様があなたに、目線や考え方を変えるチャンスをくれたと思って、その苦い薬を服用してみて下さい。

さあ、あなたの中の何かを変えていく時期が来たのです。

それでも辛かったら「よーし、いよいよ面白くなってきたわ」と、口にして自分のその状況を楽しんで受けて立つ気持ちに切り替えてしまいましょう。

『苦しみを選んでいるのは、実は私たち自身なのです。それは、あなたの病んだ部分を癒すために、あなたの内部にいる医者が選んだ苦い薬なのです。ですから、その医者を信じ、文句を言わず、心穏やかに、素直に、その薬を服用しましょう』ハリール・ジブラーン

心が砂漠になった時に

自分から流れ出る愛情のシャワーで
あなた自身がよみがえる！

センシュアリティとは、官能的・肉感的な感覚や衝動の感情。「触れ合いたい」「抱きしめたい」「抱きしめられたい」性的な意味も含め、誰かと触れ合うことによって、満たされたり、愛されていると感じたりする感情です。

独身男性・女性で、何年も人と触れ合っていない……という人がある調査で20％以上もいると書いてありました。それでは、心が砂漠になってしまいます。

ペットを抱きしめる、友達と手を繋ぐ、樹齢何百年の大木に抱きつく……、それだって、センシュアリティを満たす効果があります。

そして、お子さんのいるあなたに……。

「子どもを愛していないんじゃないか？？？」と不安に駆られたり、罪悪感で苦しい思いをしている方も多いと思います。

ネグレクトの環境で育った私は、息子に対して罪悪感に苛まれることが多かったのです。それでも欠かさずしていたこと（自分が母親にしてほしかったことなのですが）は、毎晩、息子が眠る時に、むぎゅうぅううっと抱きしめて、「〇〇は、ママの宝物だよ～」と言うことでした。話せるようになった頃には、「ママの宝物？」とうれしそうにしていました。そうすると、私まで、いつも心にある罪悪感が消えて、幸せな気持ちになったものです。その息子も今は私よりも10センチ以上背が高く、足のサイズは28・5センチ！　さすがに抱きしめようとすると嫌がられますが、握手はしてくれる時があります。

「○○はママ（パパ）の宝物だよ、生まれてきてくれてありがとう」その言葉は、魔法の言葉だと思います。お子さんだけではなく、あなたの大好きな人、友人、ペットに、抱きついて、言ってみてください。「宝物だよ。生まれてきてくれてありがとう」と。

自分の中からジワーと相手に対して流れ出る愛情を感じることも幸せな気持ちになれる方法です。

自分が愛されたいという渇きを訴えるよりも、逆に何か自分以外のものをむぎゅううううっと抱きしめてみてください。

自分の内側から自然と湧き出てくる愛情の波のようなもので、自分自身が愛情のシャワーを浴びて元気になれることに気がついてみてほしいのです。自分が自分の奥から流れ出る愛情のシャワーで満たされる心地良さこそが、あなた自身のエネルギーを再生して更新してくれます。

触れ合う、抱きしめ合うということは、相手からの愛を受け止める喜びとともに、自分の奥から湧き起こる愛情を感じることでもあるのかもしれません。

そして、もう一人忘れてはならない人がいます。

「宝物だよ。生まれてきてくれてありがとう」と言ってほしい人…そうです、あなた自身にもそう言ってみてくださいね。

ありのままの自分？

居心地の良い自分とは、どんな時なのか感じてみる

ありのままの自分って、どうなんだろう？　考えてみたことありますか？

ありのままの自分。難しいですね。

「いまの自分はダメだ」

「いや、これが自分なんだ」

「ありのままの私でいい」

そんな風に揺れ動く気持ちになることありますね。

ありのままの自分。それは「ポジティブに思って」ということが前提になります。

好きな時間に起きて、ゴロゴロ過ごして一日終了。こんなありのままの自分では開き直っての「ありのまま」「ありのままマイナス」の状態になってしまいます。

反対に、かっこよく見える自分であるために、カードで買ったブランドで固める…。

見栄を張ってみてもその状態は居心地のいいものではないですね。

自分を良く見せるでも、悪く見せるでもない、プラスな状態の「ありのままの自分」とは？

「ありのままの自分」を知る。そこから何かが始まります。

まずは、居心地のいい自分とはどんな時かを感じてみてください。

素直にそして、ポジティブにこの私は居心地いいなと感じられる自分を見つけてみてください。

人は生きていくために、そのシーンによってペルソナをかぶっています。

いろいろな顔で生きているうちに、あれ、自分って本当はどんな人間なのだろう？　良いところは？　悪いところは？　直したいところは？　わからなくなってしまうこともあります。

そんなときは、対人、対社会といった外側の評価の枠から外れて、シンプルに10個ずつ挙げてみてください。

そして自分で自分の良いところを褒めましょう。『こんなことがあったけど、今日はよく堪えたね、えらいね』と、褒めて褒めて、恥ずかしくなるくらい褒めちゃいましょう。

『あなたは、ありのままの自分を極力信じ、感じ、知らなくてはならない。そうして初めて我々はその状態を変えることができる』（ダニエル・キイス著　五番目のサリーより）

「もうがんばれない」自分にかける言葉

「がんばれない」と言っている自分をいったん許してあげましょう

「がんばれない」

そう思うことは、生きていればたくさんあります。

でも、反対に「がんばろう！」と思うこともありますよね。

不安になっているときには、先々を見すぎてしまっていることが多くて、漠然とした不安はさらに深く深く不安の塊へとさせていきます。

「もうがんばれない」じゃなくて「今日はがんばれない」という考え方にしていきませんか？　夜寝る時に「あ～あ」ってならないように「もうがんばれないかもしれない」と思わずに「今日はとりあえず、ぼけーっとしていいんだった」でいいんです。

「ずっとそうだったら⁉」

ほら、また先の事を考えるから！　明日は明日の陽が昇ります。

心配？　心配なら、まずはどんな土でも芽が出る育ちやすい種をまず探してみましょうか。

私の場合はダラダラしていても、がんばれなくても、必ず夜寝る前に「化粧を落とし歯を磨く」

がんばるハードルを低く設定しておきます。

それさえできないくらいに落ち込む時もありますが、そういう時は、その低いハードルをせめてクリアーして、とりあえず本日は終了としてしまいます。

がんばれない時は、誰にでもあります。

大事なことは、がんばれないことにとらわれないこと。

何も考えない状況をつくることで、心もリセットされ「とりあえず、また明日から少しずつやっていくか」と思えるようになります。

布団のなかで、がんばれない状態の自分に「おつかれさま」と言ってあげましょう。

これは、なにげなく散歩していた近所のお寺の前に掲げてあった言葉です。

「過去を追うことなかれ、未来を念《ねが》うことなかれ」

第2章

その辛い気持ち、誰かに「感情のごみ箱」にされているからじゃない？

ぶつけられた毒は自分のところで終わらせる

「お前は、橋の下で拾ってきた子なんだよ」
言葉は消えてなくならない

今40代以降の方は、子どもの頃「お前は、橋の下で拾ってきた子なんだよ」と言われたことはありませんか？　私は言われてすごくショックを受けました。その頃は、家庭環境が（ずっとでしたが……）良くなくて、「この家の子じゃないのね。神様、本当のお母さん、お父さんが早く迎えに来てくれますように…」と、切に願ったものでした。今は、そういうことをお子さんに言う親はいないのではないでしょうか？

なぜ、「お前は、橋の下で拾ってきた子なんだよ」などと言ったのでしょうか？単純に、そういうふうに言われたときの子供の驚いた顔をおもしろがっていた、というのが実際のところ真相なのかと思います。私の世代の一般庶民の親は、現代の親はど、子どもに媚びたり、気を遣ったりしなかったのです。

他にも、こんな説があります。昔は捨て子が多かったのです。橋の下に捨てられて（捨てても橋の下というのは雨を除けられるほんの少しの親心ですね）、たまたま通りがかった、慈愛の心を持った他人に拾われ、命拾いした……。捨てられたけれど、拾われた運の強い子なわけです。その部分だけが残り、「お前は、橋の下で拾ってきた子なんだよ」という発言に繋がる（言い伝えのようなもの）とも考えられています。

後は、性教育の問題ですね。日本は性にオープンではありませんから「どうやって生まれてきたの？」と聞かれ、思わず「橋の下で拾ってきた……」と言ってしまう。

そんなこと言われたら、子供はもう「どうやって生まれてきたの？」なんて聞きませんから。

しかし、どうであれ「本当はこの家の子じゃない」「橋の下で拾ってきた」なんて言われたら、傷つきます。少なくても、私は悩みました。

人の発する言葉は時として、相手を深く傷つけます。

言葉は発すると同時に消えていきますから、それがどう相手に作用するかまで考えないで言ってしまうこともあります。

もちろん相手を痛めつけたいがために発することもあります。

こんな名言があります。『子どもの頃の屈辱が大事だ』（野口健）

子どもの頃に、親、兄弟、友人、教師などの周りの人によって付けられた傷をあなたならどうしますか？

腹いせに他人にぶつけてしまう？

親になり、今度はわが子に、会社の同僚に気が付くと同じようなことをしてしまっていることとありますね。

しかし、**自分が言われて傷ついた経験をしたからこそ、自分のところで毒をぶつけるのは終わりにして、これ以上連鎖させないという思いが大切です。**

そうできれば、あなたが子どもの頃傷ついた経験は、あなたを成長させてくれたことになるのです。

なんだか自分だけが我慢するようで辛い感じがする？

そんなことないのです。人は見ています。

屈辱を受けたからと、今度は自分が毒を吐く側になる人と、自分の段階で止める人。

もちろん**幸せになれるのは毒を吐かないあなたなのです！**

フェードアウトしてくるズルい人

自分の意見と違う相手と向き合う時間が何かを変える

メールやラインの返信が来ない！

電話も出てくれないし、どうして連絡取れなくなったのか理由を知りたい……。

おつきあいしている彼、彼女からのいきなりのシャットアウト。

「嫌いになったらなったで、はっきり言ってくれないと前に進めない」鑑定に来られるお客様からよく聞く言葉です。

一週間くらいの音信不通ではなく、もう一カ月以上、半年以上……。

正直、フェードアウトの9割は、勝手に恋愛を終わらせる時に使う行動です。

フェードアウトする側は、この行動で察してよ……と願っているわけです。

もちろん、なかには、仕事が忙しすぎる、家族の事情、携帯が壊れてそのままでいる、体調不良など、連絡できない理由がある方もいることは事実です。

ですが、ほとんどの場合、自分が悪者になりたくない、別れるための話し合いに時間をとりたくないと感じていることが多いですね。自分は別れたいのに、別れたくなさそうな相手と話し合うのはしんどいものなのでしょう。

人は、自分の意見と違う相手と向き合うのが苦手です。

どんな理由にせよ、フェードアウトする側の人には、今のその相手は最優先の人ではなくなっているのです。

そんな状況の人を相手に、責めたり、毎日しつこく連絡をすればするほど、めんどくさがられてしまいます。「こんな自己中で思いやりのないヤツ、もういらない」と思えるなら、こちらから「別れたいなら、ひとこと言ってほしかったな。元気でね。さようなら」とメールして終わらせれば良いのですが、別れるなんて考えられないという人には、フェードアウトは、行き場のない気持ちで、苦しみます。

でも、終わらせたくないのであれば、辛いところですが、相手に集中するのを少し抑える努力をしてみましょう。

そんなときだからこそ相手を追いつめないで、時期を待てる人になってみる！

「連絡がないのは何か理由があるに違いない」というほんの数％の可能性に時間を費やしているよりも、自分が楽しいと思える何かをみつけて、トライしていく方が賢明です。

「そんなの無理！　あきらかにフェードアウトされているけれども、はっきり言われない限り状況を理解できないし、理解したくもない」という気持ちよくわかります。

でも、その気持ちを冷静になってみつめ直してほしいのです。

フェードアウトされていても、別れたくない！

そう決めたのであれば、相手を責めずに、曖昧なままの期間を半年、1年と決めて、読んでもらえるかわからなくても、自分の感情は出さないで、相手のためになる情報や、共通の話題を考えて、面白くメールやラインで送ってみる。

そんな面白い内容思いつかないと思っても、どうしても別れたくないと思う相手ならば相手が興味を惹くような内容を死ぬ気で考えてみましょう。

あいまいなままで、相手の様子を見るという姿勢は、自分とは違う考え方を受け入れていくこと。

全ての状況を受け入れていることにつながります。

〝ただただ好きでいる〟そんな状況を受け入れてみてください。

ほんの少しでもあなたの心が落ち着きを取り戻してきたら、違う景色がみえてくるかもしれません。

コントロールドラマからの脱出

その恋愛コントロールドラマに嵌っていませんか？

私たち人間は、心理的な高揚感を感じるために、互いにエネルギーを奪い合ってしまうことがあります。その手段として、人はそれぞれ自分の役割を演じ、そのドラマの中でコントロールされてしまうのです。

たとえば、被害者意識の強い人は、大げさに嘆き悲しみ、周りの人からの同情を得ようとします。そして相手に罪悪感を抱かせて、エネルギーを奪っていく。つまり、この人は「被害者」としてドラマを演じているのです。

それぞれの形で、人は自分のコントロールドラマを持っていて、どの人のドラマも、攻撃的なものから受け身的なものまで、脅迫者、尋問者、傍観者、被害者と4つのパターンに分類されます。

脅迫者は、自己中心的な王様タイプ。

尋問者は、完璧主義な批評家タイプ。

傍観者は、周囲と距離を置くポーカーフェイスタイプ。

被害者は、愚痴や不満ばかり言う悲劇のヒロインタイプ。

恋愛でいつも同じパターンで苦しんでしまう……それはコントロールドラマに嵌ってしまっているのかもしれません。どういうパターンで、喧嘩になったり、別れてしまったりするのかを、実際に文章にしてみると自分のパターンが分かるはずです。

自分の期待通りに動いてくれない人、思い通りにならない人、自分の要求を満たし

てくれないある人に対し、失望と怒りを募らせて、その感情そのものに自分が振り回されて苦しむということがよくありませんか？　ネガティブ、マイナス思考の元になっているものを冷静に客観的に観る……まずそこからスタートです。

相手がこうしてくれない……。こう言ってくれない……。言っても、もし望み通りの答えが返ってこないと怖いから言わない……。マイナスな感情ですね。

そんな被害者ドラマに相手はエネルギーを奪われるでしょう。

人の心をコントロールしてしまうと結果としては、うまくいかなくなります。

何より、コントロールしている側も疲れてしまいます。

エネルギーは奪うのではなく与え合うことで幸せになれるのです。

心に触れる数多くの名言、言霊を残した、ケン・ケイエス・ジュニア氏。

『あなたの演じているドラマをはっきり見すえると、あなたはそのドラマから解放

されて、自由になれます』

まさしく、コントロールドラマから解放される、シンプルな答えです。

コントロールドラマは、子ども時代に家族、特に両親との関係において形成されると言われています。それが、大人になっても、人間関係（特に恋愛関係）で、『コントロールドラマに嵌まっていて抜け出すことができない』状況になるのです。

脅迫者、尋問者、傍観者、被害者、あなたのドラマでの役柄は4つのうちのどれですか？　自分のドラマが何かわかるようになって、初めて、コントロールドラマでの作り出された役柄から抜け出して、演じるのではなく、本当の自分を自由に出して生きていけるのです。

いつも同じような結果で、恋愛がうまくいかなくなるとしたら、自分の作り出しているコントロールドラマは何かを見極めてみてください。

あなたが変わる大きなチャンスではないでしょうか？

DIZINARIO

嫉妬　人間関係

嫌いという感情が嫉妬からくるものなのかどうか考えてみる

今、あなたが、職場で、友人関係で嫌いと思っている人に対する感情は何ですか?

それは嫉妬からくるものでしょうか?

自分はこんなに頑張っているのに、私よりうまくいっているから嫌いなのか……。

私は悪くないのに、一方的に攻撃してくるからなのか……。人として許せないものなのか……。

その人に対しての嫌いという感情が、「ああ、嫉妬だ、これは」と思ったのならば、嫉妬という感情を否定しないで、認めてしまいましょう。自分にはさらりとできないことをうまくやっているその人を。その人なら困った場面に出くわしたときに、どう行動するかを考えてみましょう。自分と相手ではその場面でどう違うかを。そして、どちらの行動を（できるできないかは別として）、客観的に見た場合自分は選択するのか？

良い悪いではなく、まずは好きかどうか。

自分の行動の方が好き、という答えなら、「うん、やっぱり、私っていいヤツ」と声に出して、自分を褒めちゃいましょう。相手が取ると想定できる行動を好きという答えなら、「あなたやっぱり、そういうとこがすごい！　いつか真似てやる」と目標にしちゃいましょう。

嫉妬とは、その嫌いな相手に対する憎悪を伴う羨望でもあり、嫌いと感じることのなかに実は自分のテーマが隠されていることもあります。

自分よりうまくいっている嫌いな相手を不当に思う時、もう一度冷静にみてくださいい。「まあ、たしかに能力はあるかな…」というように冷静に判断できてきたら、その嫉妬から、離れることができます。

もちろん、嫌いな人を、無理に好きになる必要はありません。でも、嫌いな人のことが心を占めて嫉妬心に駆られて嫌い嫌いと考えている時間、もったいないですよね。

その嫌いの正体をみつめて、嫉妬からきているのであれば、一旦感情から離れて、冷静にみつめてみる。頭にはくるけど、自分にはないものを相手に感じたら、いつかやってみようと、プラスのエネルギーに変えられたら、楽になれるかもしれません。

嫉妬　恋愛関係

嫉妬は加減。自分の心が休まるためにも、文句はぐっと我慢して素直な気持ちを伝える！

あなたは嫉妬深いですか？　嫉妬を全くしない人などあまりいません。

前ページで仕事においての嫉妬は、「羨ましい」「負けたくない」「自分の方が認められたい」という感情から湧いてくることが多いとありました。

恋愛ではどうでしょう？　彼や彼女に嫉妬されてうれしい人もいます。反対に嫉妬が過ぎるとうんざりされます。

嫉妬は加減なんです。恋愛関係以外の人間関係の嫉妬は、ほとんどが「うらやましい」という感情が発端です。恋愛関係での嫉妬は「不安」から発生していないでしょうか？

「嫉妬」という感情が湧いてきた時は、その感情が何から発生したかを考えてみて下さい。

極端な例ですが、彼が他の異性と楽しそうに話していると嫉妬していやみを言う、文句を言う、そして喧嘩になります。さあ、どうして嫉妬をしましたか？

「こっちは合コンも行かずに、男友達も全部切って、遊ばないでいるのに、彼は私と話すより楽しそうにしているなんて頭にきちゃう」

それが理由ですか？

「自分はつまらないのに、相手は自分以外の人と楽しくしているのが腹立たしい」

ではその怒りはどこから湧いてきていますか？

「自分が一番じゃなくなるかもしれない。二番どころか三番、もしくは圏外になってしまうかもしれない」

それは、不安からくる嫉妬ですね。すると不安を解消したくなり文句が出てしまいます。

そういうときこそ文句を言うのではなく、

「あなたはモテそうだから、その楽しそうに話している相手と恋愛関係になったら

心配だから嫉妬しちゃう」

と可愛く素直に言いましょう！

「彼は私のことをどのくらい好きですか？」

鑑定させていただいているとそういう質問があります。愛情って、何センチとか何

CCとかでは表せません。愛情の量に正式な単位ができたらよいなと思う瞬間です。

嫉妬は「自分の方が劣っていたら不安」という思いからくるものです。ただ残念な

ことに、愛情に単位はありません。

「私は120％なのに、彼は60％」

それは勝手な判断です。恋愛、人間関係は勝ち負けではありません。

負けず嫌い、見栄、強い自尊心が常に心の中心にドカッと座っている状態です。

それでは休まる暇はありません。恋愛しても苦しいし、友達を作っても苦しいのです。

勝たなくてもいい、そう思ってしまうと別の考え方ができます。

（あなたが戦国武将でしたら話は別ですが）

辛辣な人間観察で知られるフランスの文学者ラ・ロシュフコーは言います。

『嫉妬の中には、愛よりも自愛のほうが多くひそんでいる』

自分の心に嫉妬という感情を見つけたら、その心の戦いからは降りてしまうと口にしてみてください。

SNSは心のバロメータを測るアイテム

SNSを見た時に心がざわつく相手はギャグ化してしまおう

誰かのSNSを見て心がざわつくことがある、見るのをやめればいいことはわかっているけれど、見ずにはいられない、という話をよく聞きます。

私のお勧めは、「心がざわつく相手のフォローをやめる」ということです。つながりをなくしてしまえば、投稿を見なくてすみます。

とはいえ、仕事関係などでおいそれと解除するわけにはいかない相手もいることでしょう。

そんなとき、私は、相手にニックネームをつけてギャグ化して面白がることにしています。

たとえば、知人に何かというと奥さんのことを話題にする人がいます。いちいち「うちのヨメが」「うちのヨメも」というフレーズを口にするのです。

私は彼の奥さんに会ったこともなく、まるで関心がありません。正直に言うとうっとうしいくらいなのですが、そう思ってしまうと一緒にいるのが辛くなるので、「うちのヨメ」というニックネームをつけて、ギャグ化して溜飲を下げています。

試してみてください。結構スッキリしますよ。

そして、もう一つはざわつく相手の投稿を、自分の心のバロメータとして使ってしまう方法。

そもそも、ＳＮＳを見たときの心のざわつきは、なぜ起こるのでしょうか。おそらく、相手と自分を比較してしまうことから起こるものなのではないでしょうか。

自分の日常は単調でつまらない、でもあの人はあんなに楽しそうに遊びに行った時の写真やパーティの写真をアップしている。

私なんか自分に自信がないから、自分の写真なんてとてもアップできないのに、あの人はやたらと自分の写真をアップする。あれは自慢なのかしら？　よくあんなこと、恥ずかし気もなくできるものだわ……。

自慢だけが不快なのではありません。愚痴っぽい人のＳＮＳへの投稿も、あなたを不愉快な気持ちにさせることでしょう。

では、何があなたをそんなにも不快にさせるのでしょうか？　それは相手が、あなたにはできないことをＳＮＳ上でやってのけているからです。

私もキラキラした毎日を送っていることをアピールしたい。

私も思い切り愚痴ってみたい。

でもそのどちらもあなたにはできない。だからやってのけている相手にイライラするのです。

でも、あなたにとってもいいことがあって、自分が世界で一番幸せだと思っている時、どんな投稿を見てもイラッとすることはないでしょう。

むしろ大らかな気持ちになって、「ああ、この人も今日はいい日だったんだな。ハッピーな一日でよかったね」と思えるかもしれません。

だから、SNSを見て心がざわついたら、自分の心が少し弱っている日。反対に何も感じなかったら、自分の気持ちが安定した日と思ってください。

そんなふうに自分のバロメータとして使っているうちに、気にならなくなってしまうかもしれません。

泣きながらご飯を食べたことがありますか？

運命の重さに耐えられなくなったら、いったん荷物を横におろしましょう

『涙とともに食べた人でなければ、人生の味は分からない』ゲーテ

こんなに大げさな事ではないけれど、何回か食事をしながら、泣いたことがあります。10代の最後の頃、お風呂無しの西荻窪のアパートに住んでいて、ふと入った定食屋さんで、てんぷら定食を食べました。その時に、無性に涙が込み上げてきて、泣き

ながら食べました。テレビドラマでも、泣きながらオムライスを食べる…そんなシーンがありました。

私はネグレクト（育児放棄）の環境で育ちました。不幸自慢とかではなくて、子どもは親を選べません。もちろん、親も子どもを選べないですが……。「宿命」とは、この世に誕生した時に、すでに決められてしまっているもの。天運といえばわかりやすいでしょうか？　この世に生まれる時期は自分では選べません。親を選ぶこともできません。

「運命」とは、人間の意志を超越して人に幸、不幸を与える力。また、その力によって巡ってくる幸、不幸の巡り合わせ。

運。

「運命のなせる業」

「運命をたどる」

運命論では、人の幸福・不幸などは、人の力を超えたところであらかじめ決まっている、と考えられています。しかし、あきらめるということではありません。何もしないで、これが運命だったなんていうのは違います。

『人間追い詰められると力が出るものだ。こんなにも俺の人生に妨害が多いのを見ると、運命はよほど俺を大人物に仕立てようとしているに違いない』フリードリヒ・フォン・シラー

運命を受け入れることとは、がんばって、がんばって、でも思い通りにならなかった人があきらめではなく、受け入れていく。そして「これが運命だった」と、感じることではないでしょうか。

そして、「運命」とは、自分の心の持ちようで、どうにでも、変化するもの。命を運ぶ……、自分で選択ができる、自分の意志によって動かすことができます。

でも、時として、誰かに「大丈夫！　大丈夫」とされたいですよね。でも、愛され方も、愛し方も、わからなくなってしまうことがあります。

そんなときは、**いったんすべてを横に置いて、泣きながら、懐かしい（またはそんな感じのような）味のする食事をしてみましょう。なんだか体からすっと重いものが消えてくれます。**

いい人はやらない！　その場で解決！

いやなことは、カッカしないで冷静に「いや」と言う

いやなことがあっても我慢してしまい、ストレスでパンパンになっている人がいます。

誰しも、なるべく「いい人」でいたいものですが、**何でもかんでも我慢して受け入れていたら、そのうち心が壊れてしまいます。図々しく入り込んでくる人には、「それはできません」ときちんと言動や行動で示すことも大切です。**

それができないから、つい愚痴っぽくなってしまうのでしょう。

でも、日々愚痴ばかりを言っていては、周囲の人は離れていってしまいます。

なかにはSNSなどで、日々愚痴を書き込んで、ストレス発散している方もいます。本人は被害者のつもりなのでしょうが、それを読まされる人にとっては「被害者意識の公害」を撒き散らされているようなものです。

愚痴ばかり言う「イヤな人たち」と同じことを、自分も読んだ人に対してしていることに気づいたほうがいいのに…と思います。

終わりのない愚痴を撒き散らすのは、やめておきましょう。

それよりも腹をくくって、それは「イヤだな」と思ったら、その場できちんと「自分はそれはイヤだ」ということを相手に伝えられる人になれるよう、がんばってみませんか？

感情的になったり怒ったりしなさい、と言っているのではありません。そんなことをしたら、あなたも「イヤな女」になってしまいます。

冷静に「私はイヤだ」ということを表現するのです。

たとえば私はお店の店員さんの態度がひどくて不愉快になったときは、「もう結構です」とお断りしてさっさとお店を出ることにしています。

そうすることで不快な気持ちを長く引きずらず、短く済ますことができるからです。

その場では、良い顔をして済ませ、家に帰り、家族に「今日行ったお店でいやな店員がいてね…」と愚痴を言うことにはならなくて済みます。

ただ、これは行きたくなければ二度と行かずに済むお店だから通用することで、会社では使えない手ですね。

もし、どうしても我慢できなかったら、キレる前に冷静に伝えた方がいいでしょう。

そして、自分の感情を出せる場所をつくっておくことです。

トイレなどの個室で自分流のおまじないで運気を変えるという人もいます。

たとえば、ぐるりと右回りに回り運気のスイッチを変えるなど…。

何か自分流のおまじないを作ってみるのもいいでしょう。

さて、基本的には愚痴嫌いな私ですが、そうは言ってもたまに胸にたまったものを聞いてもらうことがあります。「わかる！　それ！」と言ってもらうだけで、癒されるものですよね。

だから愚痴を聞いてくれる友人には感謝しています。


『聞いてくれる人のおかげで愚痴もこぼせる。あなたの愚痴を聞いてくれる人は、あなたにとって観音さまです』相田みつを

怒鳴り散らす人たち

怒鳴る人は怒鳴られる人よりもずっと不幸で孤独

終電間際の電車の中に怒声が響き渡りました。

「貴様！　土下座しろ！　てめぇ何様だと思ってんだよ？　江戸時代なら打ち首だ‼」

声の主は50代後半のスーツ姿の男性。怒鳴られていたのはスケボーを脇に抱えた若者です。ホームで若者が近くに来た男性に何かをぼそっと言ったのが、男性の逆鱗に触れ、この騒ぎに発展したようです。

若者は「すみません」と謝りますが、明らかにお酒が入っている男性は許そうとせず、「土下座して謝れ！」を繰り返します。

最初は若者の方が悪かったのかもしれませんが、周りに不快感を与えるほど怒鳴り続けるのはいかがなものでしょう。

大変な怒り方なので、周りの人も誰一人として止めようとしません。何か凶器などを持っているわけでもないので、男性3人くらいで止めれば何とかなりそうなのですが、みんな知らんぷりです。

とはいえ、私にも知らんぷりを決め込む気持ちはよくわかります。私には年ごろの息子がいますが、もし彼が止めに入ろうとしたら「危ないからやめなさい。関わって何かあったら大変だから」と言うでしょう。

でも、こうも思いました。

「怒鳴られているのがうちの息子だったらどうだろう」と。誰も助けてくれないなか、どれほど心細い思いをすることでしょうか。息子が怒鳴られていたら、私は間違いなく男性の前に立ちはだかるでしょう。

「お願い、もういいかげんに怒鳴るのをやめてあげて」「誰か若者を助けてあげて」「私はどうすればいいの？」「助けてあげるべきでしょう！」「でも殴られたら怖い…」

苦しい葛藤の時間が続きます。

2駅が過ぎたころ、私はたまらなくなって、ついこう言ってしまいました。

「すみません。そんな大声で怒鳴り続けたら、周りが迷惑ですよ。何かあったのでしたら、駅員さんをお呼びしましょうか？」

「貴様には関係ねえだろっ‼」と、激しく私を指さしながら、顔を真っ赤にして怒り続けるその男性。

結局、男性と電車を降りる羽目になり、心の中で「あー、誰も助けてくれないよなぁ」と思いつつ、脚がガクガク震えました。

でもその後、思いがけないかたちで事態が収束することになります。

「お前はゆとり世代だろっ⁉」と怒鳴られたとき、思わずうれしくなって「違いますよ。40歳過ぎてますよ」とにこやかに答えてしまったのです。

『わぁ、これって若く見られてるってこと？』なーんておバカなことを考えてしまって…。

私のそんな姿に、男性は「こいつじゃ話にならない」と思ったのか、「もういいっ！　行けっ‼　あークソッ！　面白くねえっ！」と怒鳴り、私は無罪放免となりました。

姿かたちはまともな会社員風のその男性は、会社でも家庭でもあのように怒鳴り続けているのでしょうか。

そう思ったら、なんだか悲しくなってしまいました。

上司のパワハラで悩む女性のご相談を多数受けているからです。みなさん、怒鳴られると体がビクッ！　と固まって、何も言えなくなってしまうそうです。

でもきっと、**怒鳴る人は不幸なのだと思います。**

『人は軽蔑されたと感じたときによく怒る。だから自信のある者はあまり怒らない』三木清

この言葉にあるように、自分が人から大切にされていることに慣れている人や、きちんと周りの人から価値を認められていると感じている人は、場の雰囲気を尊重することを知っています。だから怒鳴ることはありません。

場をわきまえず怒鳴り散らす人は、「私は質の低い人間です」と公言している、かわいそうな痛い人なのです。

『人は「自分は護られている」と目に見えないアンテナで感じている。しかし簡単に怒鳴る人のアンテナは折れやすい』更紗らさ

第3章

かまって！　いつも私を中心にしていて！「思い通りにしたい感情のごみ箱」

あなたの好きな人はあなた専用の感情のごみ箱じゃない

一番近くにいる大切な人をねぎらいましょう

辛い時に一緒にいてほしい、
愚痴を聞いてほしい、
好きな人にはそうしてほしいと思ってしまいますよね。

辛い時は、人は自分のことでいっぱいです。

愚痴やネガティブを撒き散らされている相手を思いやれる余裕はないのかもしれません。

あの時すごく辛かったのに、聞いてくれなかった、距離を置かれた、そんなことはありませんか？

会うたびに愚痴や弱音ばかり聞かされていると、相手は一緒にいて楽しいでしょうか。

また聞かされるのかと思うと、その人とお付き合いしていくのがしんどくなります。

あなたの好きな人は、あなたの感情のゴミ箱じゃないのです。

あなたが辛くてもしんどくても、
それを好きな人に捨ててばっかりいたら、
相手だってまいってしまいます。

辛い時は誰だって、負の感情を出したくなります。

なんで私ばっかりと思ってしまいます。

受け止めてほしくなります。

それでも、あなたの心のごみを好きな人にポイッと捨ててばかりいたら、それは甘えであり、依存となってしまいます。


もし、今、あなたの周りに信頼できる人、そばにいてくれる人がいないと感じるのなら考えてみてください。

相手を「あなた専用の感情のごみ箱」にしてきたのではないかと。

好きなら自分と同じ感情になってくれる、それが当たり前だと思っていませんか。

単に自分の希望だけを相手に言っているのではありませんか。

辛い時に励ましてくれた相手の体調や、行為をねぎらったことありましたか。

返信をくれる相手に感謝をしたことはありましたか。

一緒に出かけてくれる人、一緒に暮らしてくれている人、一緒に笑ってくれる人、愚痴を聞いてくれる人、関わろうとしてくれる人に、感謝の言葉をかけてきましたか。

～ごみは最初からごみではありません。誰かの役に立った後の姿なのです～

byゲーム『牧場物語 ハーベストムーン』より

あなたの大切な人、大好きな人をあなた専用のごみ箱にするのは終わりにしましょう。

ごみを捨てるなとは言いません。人間だもの。

捨てた後は、ごみ箱に感謝を込めて、ごみを洗い流してきれいにもどす作業をしてみたらいかがでしょう。

きっとお互いの気持ちが通じ合うことができるのではないでしょうか。

自分だったらこうするのに！と相手を許せない時

もう頭にきちゃう！　そんなときは、ざわざわする自分の心と話してみる

自分だったらこうするのに、そうしない相手にイライラ。確かにイライラしますよね。

普通はこうするはず、私を好きならこうすべき、仕事なんだからこうすべき、そういう思考がいったん出はじめると、相手を許せなくなったり、心がざわざわしてくる

ものです。

ざわざわしたら、離れる。それが一番なんですよね。でも、それが離れるわけにはいかない職場の人、親、子ども、親友、お付き合いしている彼や彼女だったりすると、苦しいですね。

その相手とは、離れることができない場合、そのざわざわは一体どこから来るのか、相手ではなく、自分に向き合ってみましょう。

反省して自分を責めるのではなく、シンプルに内面を見つめてみるのです。私のこのざわざわは何を欲しているのかを。それがわかったら、これは、自分の心のなかで消化できることなのかをもう一度自分に問うてみましょう。

自分の心のなかだけで解決は不可能であれば、相手にそのざわざわの原因を事実としてシンプルに伝えてみましょうよ。それで関係が悪くなっても、それは学ばなくてはいけない課題なのですから。

『私は私のために生きる。あなたはあなたのために生きる。私は何もあなたの期待に応えるために、この世に生きているわけじゃない。そして、あなたも私の期待に応えるために、この世にいるわけじゃない。私は私。あなたはあなた。でも、偶然が私たちを出会わせるなら、それは素敵なことだ。たとえ出会えなくても、それもまた同じように素晴らしいことだ』（フレデリック・パールズ　ゲシュタルトの祈りより）

たとえば、今あなたが丹精こめてシチューを作ったとします。

ご主人に味見をしてもらおうと声をかけます。でも、野球に夢中のご主人は全く無関心。「せっかく作ったんだから、さっと味見くらいしてくれてもいいのに…」

再度声をかけますが、テレビから目をそらさないご主人。

だんだんイライラしてくるあなた。

そんなシチュエーション、日常でよくありますよね。

このときのあなたのイライラはどこから来ると思いますか？

それは「私が私が」という自我からきているのです。

ご主人は今テレビの野球に夢中みたいだから仕方ないか、と思えるか、味見くらいしてくれたらいいじゃないと思うかであなた自身の心が重くなったり、軽くなったりするのです。

ざわざわする時は、いったん深呼吸をして、このざわざわ、何から来ているのかを見つめてみてください。

そのざわざわは、一見相手のせいに思えても、その奥にある自分を優先してほしいという考えから来ている時があります。

そこに気づけたら、その〝ざわざわ〟を冷静に見つめることで、心が静かになっていきます。

それは何よりもあなた自身が楽になれることなのです。

どうして愛されないの？　愛されない理由に潜む本当の原因

相手の喜びで自分の心を満たす

「愛されない理由」を考えるのではなくて、「愛されていないと〝私が感じる〟理由」を考えてみてください。

「わかってもらえない」「大切にしてもらえない」「嫌われている」などと感じる事ほど辛いことはありません。「愛されない」と感じて、愛されるために、自分なりに必死に努力をするけれどうまくいかない……。もしかして、「愛されるために」と努力する方向が間違っているのかもしれません。

例えば、パートナーとケンカをしてしまった時や、パートナーが浮気をしているのを知った時など、「私のことをわかってもらっていない」「大事にしてもらえていない」「見てもらっていない」「また、嘘をつかれた」と感じ、あなたの心は傷ついてしまいます。「私は愛されていない」と感じると、パートナーと心の距離が開き、溝ができて、分離感や孤独感、怒りや悲しみといったネガティブな感情が心を支配してしまいます。

そんな時は、「愛されない理由」を考えるのではなくて、「愛されていないと〝私が感じる〟理由」を考えてみてください。もしも、自分の周りの人達全てが、自分のことを愛していてくれたとしても、**自分で「〝私が感じる〟愛されない理由」を持っていると、本当は愛されていても、感じられなくなったり、感じられても受け取ることができなくなってしまいます。**もし、今あなたが悩んでいることがあるとしたら、そして、その悩みに関わる人から愛されていないことがその悩みを作り出しているとしたら、あなたはどうしてその人から愛されないのでしょうか？

どんな「愛されない理由」が出てきましたか？　どうして愛されないんだろう？というその「愛されない理由」には、大きく分けて2つの感情が関係しています。

ひとつは、「私には愛される価値や魅力がない」という無価値感です。

もう一つは「私が悪い人間だから愛されない」という罪悪感です。

まずやらなくてはいけないことは、「どうしたら愛されるの？」という感情に対して無価値感や罪悪感といった気持ちを、解放して手放していくことです。「私が愛されていない」と感じるのは、まず、自分が自分を愛していないからなのです。『自分が（自分自身も含めて）誰かを愛することをしていないこと』これが、自分が愛されないと感じる本当の理由なのです。そして、全ての元になるのは、「あなたが相手を愛して求める気持ち」なのです。

この気持ちに気付き、感じて認めることができた時、**「どう愛してもらおうか？」から「どう愛していこうか？」へと心の状態が変わってくるのです。**

まずは、自分の心と向き合って、相手にしてもらうことを考えずに、「してあげたい」という気持ち、相手が喜んでくれること自体を自分の喜びとして、それで自分の心が満たされた気持ちになる……、そうした気持ちを探して自分の心に触れてみるところから始めてみませんか？

「否定」をやめてこじれた関係を修復

「この人は自分の一番の味方だ」絶対的な信頼感こそ絆が深まる

男と女が慣れ合ってくると、たとえ好きな気持ちはあったとしても、ネガティブな感情が生まれやすいものです。

それは浮足だった恋愛のピークが過ぎた証でもあります。

そんな時期に起こりやすいのが、「相手を否定してしまう」ことです。そしてそれが二人の関係性に大きなヒビを入れることになります。

彼が自分の考えを口にしたとたん、批判したり失笑したり。あるいは馬鹿にしたり、最後まで聞かなかったり、途中で違う意見を言ったり…。

あなたにも身に覚えがありませんか?

親しくなったがゆえのことですが、これはNGです。自分の意見を頭から否定されて、いい気持ちのする人はいません。

あなたにとって彼は誰よりも大切な人のはず。だったら彼の気持ちや考えを尊重しこそすれ、軽んずるべきではありません。

ですから、あなたが彼の考えを尊重しているということを、相手にしっかり認識してもらうことが大切なのです。

関係性にヒビが入ってしまったと感じているのであれば、姿勢をガラッと変えてみることです。

「あなたがそう言うのなら、わたしもそれでいいと思う」

「あなたがそう思っているのなら、わたしもそうしようかな」

これらの言葉は、あなたの考えることにはなんでも賛成です、ということを示しています。

「そんな、なんでもかんでも彼の意見に賛成して大丈夫なの？」と疑問に思うかもしれません。

大丈夫！　安心してください。

彼が殺人計画や詐欺など、法律的に許されないことや非人道的なことをするのでなければ、相手の考えに同意を示すのはパートナーシップを強固にする上で必要不可欠なことなのです。

人は自分の考えを尊重されないと、拒絶感や喪失感を覚えるもの。頭ごなしに否定ばかりしていると、「もうどうでもいい。どうせ何を言ってもわかってもらえないから」と離れて行ってしまいます。

あなたが彼に対して信頼を持って対していくことで、彼もあなたに「この人は自分の一番の味方だ」と思うようになり、あなたを尊重し、あなたに対して責任感を感じるようになっていきます。

もし、あなたから見て彼がどうしようもなくバカなことを言ったり、したりしても、批判することを我慢します。

そんな時ほど、あなたは彼に対して一歩引かなければいけません。

あなたが、あえて過ちをとがめないことで、浅はかだった彼は、時間はかかるかもしれませんが、自分から過ちに気づき頼りがいのある男性に成長していきます。

「そんなことをしたら、二度と自分の意見を通すことができなくなるのでは？」と不安に感じるかもしれません。

でも実はその反対なのです。

あなたが彼のすることに対して、余計な口出しをしないようにすることで、二人の仲はうまくいくようになるでしょう。そして、信頼感が深まり、かえってあなたを尊重してくれるようになります。

彼を立てるということは、あなたのそれまでの価値観や考え方、生活習慣を改めることでもあるのです。

しかし、彼があなたのそんな努力に気が付くには、時間がかかるかもしれません。けれども、本気で二人の関係を良くしたいのであれば諦めないでほしいのです。

あなたが彼を受け入れ、全面的に認めるようになれば、彼も生まれ変わったあなたを信じて、二人の間の絆を取り戻すことができるようになるでしょう。

要求と望みは違う

「してもらって当然」と思った瞬間、望みは要求に変わってしまう

要求と望みが違うこと、ご存じでしょうか？

諦めと達観が違うように、要求と望みも似ているようでいて、実は全く異なった感情なのです。

パートナーに自分のしてほしいことや、同じような気持ちになってくれるよう求める…それが要求ですね。

あなたにとっては「してもらっても当然」のことなのでしょう。

しかしそれは単なる感情の押し付けです。

そしてそれによって相手の機嫌を損ねている場合があることに、まず気付いてください。自分の感情を押し付け、要求することは、相手をコントロールしようとすることなのです。それは子どもを自分の思い通りに育てたい親の振る舞いと同じです。

まだ恋が始まったばかりの蜜月の時期であれば、そんなあなたすら彼にはかわいく見えるかもしれません。

けれども要求ばかりを続けていると、やがて相手はそれに嫌気がさし、抵抗をし出して、あなたに背を向けてしまうでしょう。たとえ物理的な距離は近くても、一つ屋根の下に住む夫婦であってさえ、お互いが遠い存在になっていくのです。

その遠くなった距離に、あなたは焦りを感じ、さらに多くの要求をします。

するとどうなると思いますか？　相手はついに怒り出し、さらに深い溝ができてしまうでしょう。

人は誰しも、パートナーに「こうであってほしい」という望みを持つものです。そのことを私は否定しようとは思いません。

ただ、それを「してもらって当然」と思った瞬間、望みは要求に変わってしまうのです。どうかそのことを覚えておいてください。

まずは期待を半分くらいにして、「そうしてくれたらうれしいな」くらいのやわらかな気持ちでいるようにしましょう。口に出すときも「○○してくれたらうれしいんだけど、今、あなたの都合はどうかしら?」とやんわりした口調でお願いするようにしてみましょう。

ただし、感情に振り回されているときは、言葉だけ柔らかくしてもダメですよ。言わないほうが賢明です。

辛い…私の恋、全然しあわせじゃない！と思っているあなたに贈りたい３つの名言

思い切ってそのループから抜け出してみることも必要です

この恋、続けていても幸せになれない（今現在も幸せではない）とわかっていて

も、他に好きな人ができなくて、辛くて仕方ないのに続けている…。

相手が変わってくれたら私は幸せになれるのに、相手は変わってくれないのでしょうか、と常に思っている恋…。

どうみても、肉体関係のみの付き合いであり、はっきり相手にそう言われている。

「付き合ってないし、お前と結婚するつもりはない」と言われている。

お金を貸していて（数万円以上）まだ1円も返してもらっていないのにまた貸していると言われている。

一緒にいてもスマホばかりいじっていて会話も無く、誕生日のプレゼントをもらったことがない。

こちらからメールしたら短文で返信はあるけれど、会おうとは言ってくれず、こちらから何度か誘ってもスルー、数ヶ月に1度、急に「今から会おう」と連絡が来て、ただただスルだけ。

忙しいと言われ、もう半年以上会っていない。なのに、フェイスブックを見ると、いろいろお出かけしている。

完全に浮気している、もしかして私が本命じゃなくて浮気の方？

ああああああ、私の恋、全然しあわせじゃないっ！
ずるずるずるずる、もう1年、2年、3年…。

継続は力なりという言葉もありますが、思い切ってそのループから抜け出してみることも必要です。
わざわざ相手に別れると言わなくても良いですから、半年、1年、いったん休憩してみる勇気が良い方向に転ずる場合もあります。

辛くても続けるか、辛くてもやめるか。

どっちにしても辛いんです、今は。

そんなあなたに、次の3つの名言を…。


幸せの一つの扉が閉じると、別の扉が開く。

しかし、私たちは、閉ざされた扉をいつまでも見ているために、せっかく開かれた扉が目に入らないことが多いのです by ヘレン・ケラー

人生とはおもしろいものです。

何か一つを手放したら、それよりずっといいものがやってくるものです by モーム

ひとつのドアが閉まるとき、別のドアが開く。

しかし、閉まったドアをいつまでも残念そうに見つめているので、私たちの為に開いているドアが目に入らないということがよくある by グラハム・ベル

手放して新しいものを手に入れる力がないって思っている方、とても多いです。
本当はそんなことないんです。
自分で自分を信じられたら、世界は広がっていくんです！

捨て台詞の逆襲。私ばっかりが思っている！

素直な気持ちを伝えるのを忘れていない？

恋愛関係で、「私ばっかりが思ってる」「してあげてる」「分かってくれない」「してくれない」という感情がマックスになった時に、怒りをあらわにして、それでも相手は思い通りになってくれない。

そんな時に〝捨て台詞〟を吐いてしまったことはありませんか？

捨て台詞。イソップ童話の『すっぱい葡萄（狐と葡萄）』というお話が代表的です。

キツネが、たわわに実ったおいしそうなぶどうを見つけます。食べようとして跳び上がるが、ぶどうはみな高い所にあり、届きません。何度跳んでも届かず、キツネは怒りと悔しさで、「どうせこんなぶどうは、すっぱくてまずいだろう。誰が食べてやるものか。」と捨て台詞を残して去ります。

手に入れたくてたまらないのに、人・物・地位・階級など、努力しても手が届かない対象がある場合、その対象を価値がない、低級で自分にふさわしくないものとみてあきらめ、心の平安を得るという心理だそうです。

ちなみに英語で「Sour Grapes」は「負け惜しみ」を意味する熟語だそうです。

捨て台詞は、その場ではすっきりするかもしれません。それでも、言ってしまった方は、敗北です。

私が過去につきあっているような、いないような曖昧な関係の男性から、面倒くさい、ネガティブな内容のメールを送られ続けて、最後に「返信は不要だよ」と書き添えてあるので言葉通りに返信はしないでいたら、最後に「嫌いにさせてくれてありがとう」というメールが届きました。

捨て台詞ですね。その時、やっぱり好きになれない、と再確認したのを思い出します。

捨て台詞は、結局、相手に「やっぱり、だから好きになれないんだよね」と再確認させてしまう言葉になってしまいます。

その時に、相手が自分の思い通りにならなくても、自分が正しくて悔しいと思っても、先々「あの人どうしているかな」「あの時はわからなかったけど、悪かったな」と、思ってほしいのなら、捨て台詞は自分自身のために我慢するのが賢明です。

「最近電話もメールも減った、私からばっかり」

「今週末どうする？　って聞いても曖昧な返事ばかり」

「わたしばっかり我慢している」

好きになって付き合っているのに、こういうことありますよね。

「何で、私ばっかり、彼に合わせなくちゃいけないのだろう……」って。

そもそも、男と女は別の生き物だと思ってください。彼を操ろうとすると余計に悪い方向に行ってしまいます。

「一緒にいたいな」「寂しいな」そう素直に言いましょう。

「今週末どうする？」と聞いて、彼は生返事。

「それじゃあ、私の予定が立たないよ！」と怒っても仕方ないです。

「私は逢いたいな」と言いましょう。

もし、彼が他の用事で逢えないのなら「逢えなくて残念。来週は逢えたらうれしいな」と言いましょう。


その場の気持ちを吐き出すことと引き換えに、自ら幕を引くことにつながりかねないのが捨て台詞なのです。

恋愛は責めれば責めるほど不利になる

愛という名のもとに、自分の都合で彼をコントロールしたがっているだけ？

付き合う前は、毎日まめにメールをくれた彼。会えない時は電話をくれて、そのたびに1時間は話をしたっけ。

私から電話して出られなかったときは、「ごめん。取引先と打ち合わせをしていて……」と必ず折り返しの連絡をしてくれた。

なのに今は、それもしてくれないし、メールも3回に1回レスがあればマシなくらい。

一緒に過ごすのが当たり前だった週末も、「忙しいから無理」というのが常套句に。もしかして、私は避けられているのでは？　他に好きな人ができたのかも？　私と別れたがっているの…？

以前は「好きだよ」と言ってくれたけど、最近その言葉もとんと聞かない。そういえば、一番言ってほしい「愛してる」という言葉を、あの人は一度も言ってくれたことがない。きっとこれからも絶対に言ってくれないだろう。

ある男性の言葉を思い出します。

「男にとっては、付き合いたい女性と付き合えるようにと、がんばっているときが恋の頂点でね。でもそれが女性にはわからないみたいだね。『あなた、付き合う前と変わっちゃった』と嫌味を言われても、『今の状態が普通なんだよ』としか言いようがないな」

そうなのです。

認めたくはないけど、男は基本的にハンター。獲物を追いかけるように、女性を落とすまでの過程で最も心が盛り上がる生き物なのです。

だけど女性は逆。関係が始まって、その関係を深め緊密にしていくことに喜びと幸せを感じます。

そして彼との関係に執着していくようになります。

だから、連絡が遠のくと自分と彼との関係性が脅かされているように感じて、つい彼をなじってしまいます。

「なんでメールの返信くれないの？　昨日も電話したのに出てくれないし…。一体、何をしていたの？　私はあなたにとって何なの？…」と。

すべて不安のなせるわざです。

人は強い不安に囚われると、行動せずにはいられない生き物です。何度も彼にメールする、メールで彼を責める、電話を何回もかけて出ないと、彼の家まで行く。彼が不在だとまたメールと電話攻撃。携帯には出てくれないので、会社にまで電話する…。

これでは彼が息苦しくなって、「じゃあ、そういうことをちゃんとしてくれる男と付き合えば？」と開き直ってしまうのも無理ないかも？

さて、ではどうしたらいいのでしょうか。

まずはあなた自身の受け止め方を変えることです。

あなたは彼から連絡が来ないことで、自分が見捨てられたように感じています。でもそんなことはないのです。

だって男はハンターだから。ハンティングして得たもの（あなた）は自分のものなので、どこにも行くはずはないと安心しているだけなのです。

そしてあなたは彼から連絡がないのを不安に感じるのは「彼を愛しているからだ」と思っているでしょう。

でも実は愛という名のもとに、「自分の都合で彼をコントロールしたがっているだけ」なのです。

誰かにコントロールされることって楽しいことでしょうか？　いいえ、決して楽しくはないですよね。

だからしつこいメールも電話も、決して二人の関係改善には役に立たないのです。むしろ彼の気持ちをあなたから遠ざけてしまうことになります。

あなたが彼を責めて、彼があなたを疎んじてそっけないそぶりをする。するとあなたの立場は一気に弱くなります。

そして、嫌われたくない一心で、「ごめんなさい」と謝ります。

このときの彼の気持ちを想像してみてください。「うんざりだよ」になると思いませんか？

まずは不安をいったん横に置き、「最近連絡がないけど、どうしてる？　仕事忙しい？　心配してま〜す」とあっさりしたメールを送りましょう。そして、しばらくそのままにしておきましょう。

ポイントは「しつこくしないこと」「彼を責めないこと」の2つです。

執着を手放すことは、実は何よりも自分自身の平穏を取り戻せることなのです。

承認欲求と試し行動から抜け出よう

相手を試してみたくなったら、いったん、その感情から離れてフラットな状態に戻る

人には、常に「誰かに認められたい」という欲求があるので、「もっと！　もっと！」と求めてしまいがちです。

この欲求を「承認欲求」と言い、大きく2つに分けることができます。

ひとつは他人から認められたいという欲求、もうひとつは自分の存在が理想とする

自己像と一致するのか？　あるいはもっと単純に今の自分に満足しているか？　と自分自身で判断することです。

前者を『他人認証』、後者を『自己認証』と言います。

さらに、他人からはどのように認められたいのか？　これは三つのタイプに分かれます。

ひとつ目は、対等承認。これは「人並みに認められたい」という欲求です。自分自身に自信がなく、劣等感が強い方に多くみられます。

ふたつ目は上位承認。自分が他人よりも優位に立ち、「優れた人」として認められたいと思っていて、他人を支配するタイプです。

そして、三つ目が下位承認。他人に依存したい保護されたいと思っている人です。上位承認欲求の強い人はナルシストになりがちで、下位承認欲求の強い人は「私ってかわいそうなの」とネガティブな話ばかりするようになります。

承認欲求があまりにも大きくなりすぎると、自分自身を苦しめ、さらには周りをも混乱させる結果になります。

承認欲求が高じて起きる行動を「試し行動」（テスティング）と言います。

たとえば、お付き合いしている相手に別れる気も無いのに「別れる」と言ったり、相手が不快になる言動をわざとしたりして、自分への愛情を測る行為といったものです。

何度かは、相手も必死に止めるでしょう。けれども疲れてしまって最後には本当に別れてしまうことになります。

後悔は先に立たず…。相手の気持ちを試すのはやめる。相手と別れたくないのであれば、そういうテスティング行動は、マイナスでしかありません。

相手を試してみたくなったら、いったん、自分の感情から離れてフラットな状態に戻りましょう。彼が自分のことをどう思っているか、考えることをやめてみるのです。
そして、小さなことでもいいので、夢中になるもの、楽しいと思えることをやってみましょう。

『人と比べたときから不幸が始まり、あと先を考えることから不安が生まれる』板橋興宗

『なんだ、あれが僕たちの探している青い鳥なんだ。僕たちはずいぶん遠くまで探しに行ったけど、本当はいつもここにいたんだ』メーテルリンク著「青い鳥」より

無視という刃物

マイナスのエネルギーを自分にも与えることになる

無視とは、存在価値を認めないこと。また、あるものをないがごとくみなすこと。ある女性は怒るとそういう行為ばかりしていました。

「私って、怒るとバッサリ切っちゃうタイプなんです。目の前にいても、いないも同然に扱ってしまうんです」

うーん、そう簡単に言っていいのでしょうか？　人間関係において無視は相手を殺すことと一緒です。無視に至るまでは、確かにそれなりの理由はあったのでしょう。

それでも、そこまで我慢したのですから、もし、相手が謝罪してきたら、無視という形で切り捨てる前に、話くらい聞いてあげてみませんか？

相手を無視するということは、目に見えない刃物で刺したのと一緒だと思います。無視された人間は、とても悲しい気持ちになり自分を責めたりします。うつ状態にまでなったりします。無視の威力は怖いものです。付き合っている相手、夫婦関係で、無視をしてそのままコミュニケーションを一切拒否するということほど残酷なものはありません。

鑑定のお客様のなかにも、無視をされ続けて苦しんでいる方が多くいらっしゃいます。

今まで関わりあってきた相手を、無視という武器で殺してしまうことは、本当に残酷なことです。置いていかれた人は、ただただ泣くしかないのです。

そして、涙が涸れた時に諦められれば良いですが、大抵は心に傷を負ってしまいます。それも自分を責める傷です。

『愛の反対は憎しみではなく無関心である』マザー・テレサ

話しても仕方ない、どうせ言ってもわからないだろうとコミュニケーションを放棄することから無視は始まります。そして、無視をしている側は、自分の気持ちをどんどんと固まらせ、聞く耳も持てなくなります。

無視という行動は、全てを放棄することで、相手を傷つけ、自分を意固地にして結局自分自身も傷つけていきます。

マイナスのエネルギーを自分にも与えることになるのです。

人の身体を考えてみてください。目は外のものを見るようにできていて、耳は外の音を聞く、口は会話をするようにできています。

人は他者との交流のなかで生きていくようにできているのです。

その交流を遮断してしまう無視という行為は、人としての在り方をも否定すること
につながります。
腹立たしいことが起きても、心を固まらせ放棄してしまわずに、向き合うことを選
んでほしいと思います。

あなたのプライオリティー（優先順位）は？

今、目の前にいる人を大切に

人間関係において、「この人にとって私ってプライオリティー（優先順位）が低いなぁ」と思うことがあると思います。どうでもいい相手なら「ま、そんなもんか」と思うしかありませんが、自分はその人へのプライオリティーが高い時は、どう消化していいか悩みますよね。

そもそも、相手に『プライオリティーが低い』と感じさせてしまうのは、デリカシーがありません。あるいはわざとそのように振る舞っているということも考えられます。

でも、もしあなたがそう感じることがあったら、あなた自身はどうなのか、振り返ってみてほしいのです。

もしかしたら、あなた自身も無意識のうちに似たようなことをしているかもしれませんよ。

たとえば、女友達と一緒にいるときに、自分の夫や子どもの話ばかりをしていませんか？

「そんなの普通でしょ」と思ったら要注意です。

相手はあなたの夫や子どもにあなたほど強い興味は持っているでしょうか？　相手が目の前にしているのは、あなたの夫や子どもではなく、「あなた」なのです。

あなたが誰かに対して「この人にとって、私のプライオリティーは低いんだなあ」

と思ったように、その人も同じようにあなたのことを思っているかもしれません。

あなたのプライオリティーは、**まずは、今目の前にいる人が一番だと言う事を忘れないでほしいのです。**

目の前にいる人を大事にできない人は、自分自身のことも大事にできない人です。

自分自身のプライオリティーすら低いままです。

なぜならば、目の前のものをしっかり見ずにその向こうの事ばかりを見ようとしているからです。そういう人には本当の事はなにも見えませんから……。

『なぜいつも遠くへばかりいこうとするのか？　見よ、よきものは身近にあるのを。ただ幸福のつかみかたを学べばよいのだ。幸福はいつも目の前にあるのだ』ヨハン・ヴォルフガング・フォン・ゲーテ

人は、意外と一番近くにいる人をないがしろにしがちです。

足の指先のちょっとした傷でも、歩き辛くなり、そんなとき、普段意識しない足の指が、体を支えてくれていることに気が付くことありますよね。

あたり前になっている家族や友達もそんな風にあなたを支えてくれているのです。

目の前にいる人へもう一度心を向けてみてください。

意外にも自分へのプライオリティー（優先順位）の低い人へ無駄に意識を向けていたりします。

目の前にいる人が大切なことを忘れないでいることは、あなたの幸せを守ります。

第4章

心に溜まっている「ごみ活用」をすると状況は変わり始める

「普通はこうだよね」という暴力

世の中で一番強いのは、攻撃や我慢、忍耐ではなく「異質なものを受容できる心」

「家がこんなでなければ…」

「こういうふうに育っていれば、こうじゃなかったのに」

大人になっても、自分が育った環境を認められなくて苦しんでいる人が大勢います。

自分がうまくいかないのは「あの家のせい」と思ってしまうのですね。

でもこれ、とても不毛なこと。だって、もう過ぎてしまってどうにもならないことなのですから。

育ってきた環境を嘆いて、「こうじゃなければ」と思っても、どうにもなりません。だから解決策はただひとつ。過去を受け入れてしまうことです。変えられない過去を否定するよりも、受容して、今の自分の考え方を変える努力をしたほうが、ずっと建設的なのです。

とある記事にこんなことが書いてありました。

『くちゃくちゃと音を立てて食べる主人に対して、息子は嫌がり、食べ方を軽蔑しました。夫の実家は家業が忙しく、物心ついたころから食育をしてくれる両親は食卓にはいませんでした。運動会も含め、お弁当を持って家族で出かけたりすることもなかったと聞いています。そんな反抗期の息子に「お父さんは子どものころ、たくさん寂しい思いをしたけど頑張ってきたんだよ。ご飯も一人で食べたから、くちゃくちゃ音を立てて食べるのを注意して、直してくれる人はいなかったんだと、お母さんは思っているの。だからそういうところは思いやってあげてね」と息子に話しました』なんて素敵なお母様なのでしょう。ジーンとしました。

人それぞれ、いろいろな事情を抱えて生きています。

「正義とはこう」「普通はこう」と「正義」や「普通」を振りかざすことは、親しい誰かを傷つけることになる場合もあります。

世の中で一番強いのは、我慢や攻撃ではなく、異質なものを受容できる心なのだと思います。

それは他者に対してだけでなく、自分自身についても言えることなのです。

だから育ってきた環境を蔑んだり恨んだりするのではなく、受容して、今、直せることから直していこうという気持ちになることが、幸せへの第一歩なのではないでしょうか。

こうだったから、自分はこうはできない、というのではなく、昔はこうだったから、今はこうしてみようという気持ちが持てたら、あなたの人生はそこから大きく開けていくことでしょう。

強くならなくてもいい。優しくなりたい。

私はいつもそう思って生きています。

不幸という名の帽子をかぶった出来事が幸せに変わる時

不幸せの裏側には、幸せがすでに存在し、あなたを待って
くれています

待てない人は幸せを逃がします。
待っているだけの人も幸せを逃がします。

その塩梅がわからなくなる時って、ありますよね。

幸せは、時には不幸という帽子をかぶってやってくるby坂村真民

好きな人に振り向いてもらえない、
このままだと将来が不安、
仕事がうまくいかない……。

今、不幸という帽子をかぶって目の前に現れた出来事にどう向き合っていくか？

「あの時にああいうことがあったからこそ、勉強できたたし、綺麗になろうと思ったし、考え方も変わって、今の私がいる」となるか「あの時のあのことのせいで、不幸になり、今も何もうまくいかない」となるか。
当たり前ですが、前者になりたいですよね。

〜幸せは蝶々に似ている。

追いかければ追いかけるほど、ヒラヒラと身をかわし逃げてしまう。

でも、他のことに夢中になっていると、静かにやって来て、いつの間にかあなたの肩にとまっている〜

うまくいかないことにこだわりすぎて「これが解決しなければ他の事は考えられない」と思わないで、今のあなたができる事をしてみませんか？

苦しい日々でも、何かみつけて少しの時間でも楽しく過ごすように努力してみる。

そのうちに、それがふりだったのが本気で楽しくなってくる…。

あの出来事がなければトライしなかった、不幸という名の帽子をかぶった出来事が、帽子を脱いで幸せに変わった。

幸せという蝶々さんだけを追いかけていたときは、その道の景色さえ見えなかったけれど、私の周りの景色ってこんなに美しかったんだって思えた時に、蝶々さんが肩に止まっていたりします。

幸せと不幸せは、実はひとつなのかもしれないですね。

不幸という名の帽子にとらわれて、止まってしまうことで、幸せにたどり着けないないのならもったいないと思いませんか？

不幸せの裏側には、幸せがすでに存在してあなたを待っているのではないでしょうか。

権威というごみを捨てられた時に

木は土を、土は水を、水は火を、火は金を……自然界に権威などありません！　あなたはあなたなのです

「権威」とは……他人を服従させ、強制させるような威力　その道の第一人者。

『権威を引いて論ずるものは才能を用いるにあらず、ただ記憶を用いるにすぎぬ』

レオナルド・ダ・ヴィンチ

権威を振りかざすものは、最終的には権威に負けます。権威に所属してそれを自分

自身と勘違いしている人は、高圧的になります。

人間社会には、常に権威が存在して、高圧的になって他の人を服従させたりしている人がいます。

また、『ドラえもん』のなかに出てくる、ジャイアンに取り入るスネ男のように、権威や自分よりも強い者の後ろに隠れて生きている人も見かけます。そういう人たちは、自分自身にも権威があるかのようにして生きています。でもとても悲しいことですね。

実は、いつも不自由で人の顔色をうかがって疲れてしまいます。

社会生活のなかでは、上司、仕事の取引先など、従わざるを得ない状況もたくさんあります。

反対に自然界には権威というものは存在していません。

木は火を生み出し、火は土を作り、土から金属が生じ、金属表面には水滴が生じ、水は木を育てる。すべてに役目があり、相互に関係して存在し合っているのです。

そんな相互的な循環で、人間も生きていけたら幸せですね。

もし、今あなたが、何かの権威に、自分より大きな存在に、取り込まれていると感じたら、権威というごみを誰かから捨てられていると感じたら、こうも考えてみてください。

木は土から養分を吸収し、土は水を止め、水は火を消し、火は金を溶かし、金（金属）は土を切ります。

これはお互いが抑制していく働きです。

これらの関係性がバランスよく働くことで、自然界の秩序は保たれ、人間も動物も生きることができています。

ですから、「権威というごみを吸収して、圧力を消していっている。そんな下支えを自分がしているから、うまく回っている」と思ってください。

外側から見た形は、誰かに服従して生きるという不自由な感じに見えても、あなたという土が水を止め、金属を切っている。そんな重要な力を発揮してくれているからこそうまく回っているのです。

木は木の役目を、土は土の役目を担うように、あなたはあなたの役目を担っているのです。

受け身から抜け出て出会っちゃう体質になる

まずは、あたり前な感じで周りにいる人たちに、改めて興味を持って接触していく

「出会いがない」と悩んでいる方、多いですよね。

自分は人付き合いが苦手と思って、いつも一歩引いてしまう。

そんな自分にも、腹が立って心のなかに、いつもモヤモヤしたものがドスンと座っている感じ。

恋愛は、待っているだけではやって来ないってわかっているけど、気が付くと受け身の体勢になっている……。

ああこうして年を重ねていくだけかなと不安なあなた。

答えはとてもシンプル。**「人に興味を持つ」**

男性との出会いが多く、恋人が途切れない女性は、コンビニに行くだけで出会ったり、美容院に通っているうちになじみの美容師さんと恋に発展したりしています。

そんなふうに出会っちゃう人と出会いがないと嘆くあなたとは、何が一番違っているのでしょうか？

それは**「相手に興味を持って接触しているかどうか」**なのです。

出会っちゃう人は、理想の相手でなくても、そもそも異性でなく同性であっても、知り合った人に興味を持って、話しかけているんですね。自分から相手に働きかけているのです。

受け身なあなたは、もしかしたら他人にあまり興味がないのかもしれませんね。

だからまず、少しでもいいから、**今近くにいる人に興味を持ち、話しかけることから始めてみてはいかがでしょう。**

それが**「出会っちゃう体質」**になる第一歩です。

『出会いで大切なことは、気がつかない出会いに気がつくこと。どうすれば出会えるかということじゃない。出会っているのに気がつかないのを、どう気がつくかということなんだ』中谷彰宏

『出会いがないという人は、出会ったことに気づいていないか、自分に都合のいい恋をしたいと、思っているだけなんじゃないかしら』岡本敏子

岡本敏子さんは、アーティストである故・岡本太郎さんのパートナーです。事実上の妻でしたが、頑なに独身主義を貫く太郎氏は、敏子さんを戸籍上、養女として迎えました。

彼女は太郎氏の死後、『岡本太郎』が世界的に認められる芸術家として、作品の修復や未完作品の製作に携わり、太郎氏の死後もパートナーとして彼を支えました。

『相手の名前も知らず、地位も知らず、誠実かどうかも知らずに、目と目が合った瞬間、気持ちと気持ちが合ったら、そのときすべてをささげるべきだ。その後のことは約束しなくたっていい』岡本太郎

結婚という形をとらずに、敏子さんを養女として迎え入れた太郎氏。結婚は所詮、他人と他人。養女は、究極の愛なのかな…とも思います。

せっかくの人生、受け身でいては損をしてしまいます。

切なくなるくらい、その人に何もかもを捧げて、一緒に生きていきたい…。そう思えるほどの恋を、自分で探す一歩を踏み出しちゃいましょう。

心のなかにある、私なんかというモヤモヤはどこかにポイっと捨ててしまったイメージを持ち、今日から、近くにいる人に興味をもってみてください。

少しずつあなたの風景は変わっていくと私は信じます。

当たり前になっている周りの人のなかに、あなたの人生のカギとなる人がいるかもしれません。

まずは、今より、もう一歩深く興味を持って人と接してみることから始めてみてはいかがでしょう。

過去内観で心のごみを消す

最初は感謝で始まり、当たり前となり、いずれ不満が出る
だから最初の自分の気持ちを紙に書いて自分に約束しておく

人は、仕事でも恋愛でも、真摯で謙虚な気持ちをもってスタートします。

ところが、時間が経つにつれて不満が出てきたり、怒りにかられたりして、自分で自分を苦しめるようになっていきます。

それが心の中におりのように降り積もっていき、過去の出来事への消すことのできない恨みつらみの思いを抱えるようになります。

特にそれが顕著になるのは、自分が独身で相手が妻帯者の不倫の恋をしたときで

す。

でも私「それは違うんじゃないの?」と思うのです。まるで後出しじゃんけんをしているみたい、って。

恋の初めのころは「ただ一緒にいられればいい。この人を好きでいられるだけで幸せ」そう思っていたのではないでしょうか。

ところが、ほとんどの女性はそのことを忘れてしまい、だんだん結婚を望むようになっていきます。

相手の奥さんが憎くてたまらず、家庭を壊してしまいたいと思い、力づくでも奪ってしまいたいと思うようになっていきます。

そうなると泥沼です。寝ても覚めても頭の中は相手の人と、その人の家庭のことばかり。苦しみにのたうち回り、自分だけが損をしているように思えてきます。

…でも、最初のころのことを思い出してみてください。

自分が納得して始めたことでしたね。奥さんがいてもいい、それでも私は彼が好き、愛しすぎていて離れることなんて考えられない。スタート地点はそんな感じではなかったでしょうか。

思い出してみてください。決めたのは自分だということを。何もかも納得づくで始めた恋なのだということを…。

わかりやすくするために不倫の恋を例に出しましたが、これはすべてについて言えることです。

今の会社が不満で不満でならない人も、入社試験を受けたときは「どうか合格させてください」と切に祈り、入社当初は「ここでがんばろう！」と張り切っていたのではないでしょうか。

夫婦げんかの絶えない夫婦。あるとき、掃除をしていた奥さんが、新婚当時に旦那様に贈った誕生日カードが出てきたそうです。

そこには『1年前には想像もできなかった幸せを本当にありがとう。これから二人で頑張っていこうね！　お誕生日おめでとう』と書かれていたそうで、奥さんはそれを見て、いがみ合っていることがバカバカしくなってしまったそうです。

幸せを感じ旦那様を大切にしていた自分を思い出したら、やさしい気持ちを取り戻せたそうで、以来頭にくることがあっても、それを眺めるようにしているそうです。

私たちは「最初の気持ち」をすっかり忘れてしまい、次第に不満と怒りが募って苦しくなっていくのです。

だから、何かを始めるとき、「今、私はこんな気持ちでいます。そのことを忘れないようにします」と自分と契約をしておきませんか？

自分の思いや考えを紙に書いておくのです。

『結婚しなくても、彼とお付き合いできるだけで幸せです』

『いろいろな大変なことが起きても結婚したからには二人で頑張っていきます』

『この会社で、石にかじりついてでも3年は頑張りたいと思っています』

スタート時に自分と契約するのです。

人の気持ちを縛ることはできないので、他人と契約することはできませんが、自分とならできますよね。

そして、もし彼を「あなたは変わった」と責めたくなったら、その前に「契約書」を見直してみましょう。

そうすれば、あなた自身も恋の初めのころと同じではないことに気づくでしょう。

もちろん人間ですから、変化をしていきます。

しかし、初めての頃の真摯な気持ち、がんばろうと思っていた意気込みを思い出すことで新たな気持ちになれると思います。

辛い状況のおかげでした！

被害者意識を脱ぎ捨てると、マイナスをプラスに変える思考が出てきて、運を動かす原動力となる

辛い事や嫌な出来事があった時、それをプラスに変えられる人とそのまま落ち込んで落ち込んで、被害者のままで止まってしまう人、同じ嫌なことがあっても、結果は大違いですね。

例えば、失恋。苦しくて悲しくて……。

そんな時、その苦しみから逃れたくって、習い事を始めたり、心理学を学んだり、本をたくさん読んだりした結果、その恋は失ったけれども人の痛みがわかったり、失

恋しなければ学ばなかった新しい世界を学んだりします。

被害者のままになってしまう人は、ただ苦しいと愚痴を言い続け、今の不幸な状況になってしまったことを「私から離れてしまった人」のせいだけにします。被害者のままになってしまう人生は悲しいです。辛いときこそ、本を読んだり、何か新しい事をするチャンスだと受け取ってみてほしいのです。

私の場合も、今だから言える事ですが、昔、所属させていただいた占い館で、とある占い師の方にえげつない事ばかりされ、鑑定中にクライアントがいる前でもズカズカと入ってこられて文句を言われ（その方こそイメージダウンですが）「どうしてこの人はここまで自分さえ良ければ良くて、こんなに邪魔をするんだろう？」と、意気消沈しました。

しかし、もしその人がいなくて、そこの占い館の居心地が良すぎたら、私は今の自分の館である「夢告げ」を作らなかったのかなと思います。そうなるとその意地悪な方に感謝の思いすら感じます。

あの時、ああだったから、こんなになってしまった……ひどい！　と思うより、あの時の辛い状況のおかげで今の自分がある。

そう思える自分になった方がいいですよね。

そのためには、被害者意識でいるのをやめる。

それがマイナスをプラスに変える思考であり、運を動かす原動力となるのです。

来た道を振り返ってみたときに、ああ、あの辛い道のりがあったから、それを超えて歩いてきたからこそ、道が拓けたと思えるようになれるのです。

どうしても苦しいときは、こう考えてみてください。

今、あなたの隣に、辛い思いを延々と話し続けてくる人がいたらどう思いますか？

仕事が終わって家に帰り、テレビでも見ながらくつろぎたいときに、被害者意識でいっぱいになった人が「ねえ、聞いて！　私、こんなひどい目に遭ったの。ひどいでしょ？　ひどいでしょ？」と訴え始めたら？
「かっこ悪い…」って思いませんか？
年老いた母親が、父親の悪口をずっと言い続けているのを想像していただいてもいいかもしれません。「お父さんは、ああだった、こうだった…」と、クドクドと続く愚痴。

あなたは、そうなりたいのか、なりたくないのか…そんなことも考えてほしいのです。

なりたくないのであれば、被害者意識をもつのはほどほどにしておきましょう。

被害者意識を捨てたあなたには、素敵な人がたくさん寄ってくるはず。

そのときあなたは、「愛されオーラ」を持った人に生まれ変わっていることでしょう。

投げられた石をスルーする人生よりも、投げられた石に応えてみる人生を

壁に突き当たり辛い思いをした時に己を発見する

石を投げられた時に、ひたすら我慢してスルーするのはやめにしませんか？

何年も経った時に「私がどんなに辛くて、今もこんなにも辛いのはあの石のせいだ」とただ嘆くよりも、石を投げられた時に、その石がなんだったのか、自分にとっ

て何の意味があるのか、ちゃんと反応してみましょう。

そしてできたら、なぜ相手が石を投げてくるのか、その理由について考えてみましょう。

そうすることで、相手の気持ちがわかってきます。

もしかしたら相手は褒めてほしかっただけなのかもしれません。

それなのに、あなたが褒めてくれなかったから機嫌を悪くしているだけなのかもしれませんね。人ってそういうところがあると思いませんか？

そんなときは、内心「あーあ」と思いながらも、ちょっと褒めてあげるといいのでは？　褒められて悪い気のする人はいません。ご機嫌取りと思うと腹が立ちますが、「人間関係の鍛錬のため」と思えば、相手に感謝する気持ちになれるかも？

そして、ここが大事なのですが、人の気持ちを考えられるようになったあなたは、人として一回りも二回りも大きくなっていくことでしょう。

投げられた石をスルーする人生よりも、投げられた石に応えてみる人生を選んだ方が、生き方がより積極的で前向きになるのではないでしょうか。

投げられた石をスルーし続けるような人生を送ってきた方は、中年過ぎてもまだ「私には何が向いていますか？」と質問してきます。

そしてたとえ何が向いているかお答えしても、それを実行しようとはしません。ただ聞きたいだけ。自分には本当は向いているものがある……いつかやろう…と、行動を先送りするのです。

石をスルーせずに立ち向かおうとしたり、実際に動いたりする方は、自分の世界を持っています。自分の人生を切り拓く力を持っていて、「自分に何が向いているか」ということにとらわれるよりも前に行動します。

どちらの人生も、その人の人生です。私には「こんなふうにした方がいい」と言うことはできません。

ただ、石をスルーする人生は、ご自分の人生を無視して生きているように感じられて、もったいない気がします。

『人は、障害に向き合った時、自らを発見する』サン・テグジュペリ

ソフト：リスニング（直感の囁き）に耳を澄ませてみましょう

「これは好き、これはイヤ」その判断そのものがすでに「直感」です。
シンプルにそれに従ってみればいいのです

スピリチュアルの世界では「直感を受け取れるようになるのが大事」と言われてい

ます。天とつながることで直感力がすぐれ、直感に従って生きることで幸せになれる、ということのようです。

でも、直感って、そんなに特別なものでしょうか？

みなさん、難しく考えすぎているように思えてならないのです。誰だってすでに直感に従って生きているのではないでしょうか？

たとえば、「食べたくない」気分のとき。「どうして食べないの？」と聞かれても「食べたくないから、食べない」そのようにしか答えようがないですよね。

そうやって人はみんな、自分の直感に従って、行動を選び取っていると思うのです。

無意識のうちにしている「これは好き、これはイヤ」という判断そのものが、「直感」であるとも言えます。

そのことをしっかり認識しておくことで、自分の本当の気持ちに気づくことができ、余計なことで悩まなくて済むようになります。

あるとき、いい大学を出て一流企業に勤めている男性のお客様が鑑定を受けに来られたことがあります。うつ病も経験された方でした。

「どうして、僕はうつ病になったんでしょう。せっかく望み通りのいい会社に入れたというのに」という問いに、私はこう答えました。

「会社がイヤだったからでしょう」

そのときの彼の驚いた顔、みなさんにも見せてあげたいくらいです。

「そうか。僕は会社がイヤだったんですね。それで苦しくなってうつ病にまでなってしまったんだ」

「望み通りに入ることのできた一流企業をイヤになっている自分」に、彼はまったく気が付いていなかったのです。

直感って、すごくプリミティブ（原始的）なものなのだと思います。

猫にだって、なつく人となつかない人がいますよね。好きな人にはなつくけれども、イヤな人にはなつきません。

私たちの中にも、そういうプリミティブな部分がすごくたくさんあります。

なのに、今は「直感」をこねくり回して、すごく高尚なものにしてしまっています。

あなたは日々、直感に従って生きています。だから大丈夫。直感力を鍛える特別なトレーニングなど、必要ないのです。

信じて恐怖を手放すと生まれるものがある

人を信じることを始めてみてください
あなた自身が変わってきます。

人を信じること、そして自分自身を信じる心を持つと不安感は小さくなります。
誰か人のことを信用できなくなったとき、自分を被害者として正当化する前に、相手をそうさせるようなことをしていなかったかと考えてみてください。本来、人は信頼されれば、相手の信頼に応えたいと思うものです。信用してもらいたい、愛されたいと思うのなら、怖がらずに、まずは、相手を全面的に信頼してみませんか？

人を信用するということは、相手の行為が、ベストな結果をもたらすことと信じることです。なかなか人を信用できない人というのは、**自分の中にある恐怖や不安を、〝相手を信用しない〟という行為に置き換えているに過ぎません。**

心のつながりを感じることができるのは、自分自身の不安、喜び、罪悪感、希望、悲しみなどを、飾らずにさらけ出せたときです。自分の中の脆さを受け入れることができない人は人と親密になることはできないでしょう。親密さがなければ、心と心のつながりを持つこともできません。あなたが相手を信頼して自分の脆さを見せたとき、同時に深い愛情が自然に流れ込んでいき、そして相手からも流れ込んでくるのかもしれません。

傷つけられてばかりいる姿を見せつけていたらどうなるでしょう？　恋愛関係、夫婦関係の問題のすべてが相手のせいだけではないのです。

あなたを変えることができるのは、あなた自身だけです。あなたが恋人や、パートナーに対して持っている不信感という「けもの道」ではなく、信頼という穏やかな遊歩道を歩き始めれば、相手もあなたと歩調を合わせるために自分自身を変えざるをえなくなるかもしれません。少なくとも、相手を〝信用できない〟という状況よりもずっとずっと歩調が合う確率は増えているはずです。

『人間は自分が信じたいことを喜んで信じるものだ』ジュリアス・シーザー

『これさえあれば切り抜けられるというものを教えてやろう。信じることだ』映画「セレニティ」の牧師のセリフ

『何か信じた瞬間、それを肯定する議論がすべて見えるようになり、それを否定する議論は見えなくなる』バーナード・ショー

『辛いことがあっても私は負けなかった。いつかはこの状況から抜け出せる日が来ると信じていたから』フジ子・ヘミング

「信じられない」、「不安だ」と思う前に、自分自身を、そして相手を信じる心を持ちませんか？

心に薔薇を一輪持ちましょう。

苦手な相手と打ち解ける方法

話をしながら「苦手な相手の両肩に触れ、両手を握っている」と想像してみると、潜在意識が働きだしてやがてリラックスが相手にも伝わっていく

潜在意識は実際に体験した事と、リアルに想像したバーチャル体験との区別はつかない……というのをご存知ですか？　それを利用した、苦手な相手と打ち解ける方法があります。

有名なのは、ミラーリング（まるで鏡のようにさりげなく相手と同じ動作をする事）です。

けれども、それは相手におかしく思われますので、信頼関係を築くにはあまり有効ではありません。

さて、心理学用語で有名な『ラポール』という言葉があります。「親密な関係」「信頼関係」と訳されていて、人間関係を良好にするには、この『ラポール』が築けているということが重要であると言われています。

また「精神感応」という意味合いもあります。精神感応とは何もしなくてもふと心が通じ合ってしまうことを指します。

例えば「その人のことを考えていたら、偶然電話やメールが来た」「その人の噂をしていたら、偶然にも、帰りに電車で一緒になった」ラポールは、特別に何かを仕掛けなくても、ふと心と心が通じ合ってしまうという意味でもあります。

信頼関係を築くというよりも、「なんとなく空気感が同じ」「なんとなく肌が合う気がする」「前から友達だったみたいに気が合う」といった感覚を相手に思わせるのが、精神感応です。

そこで、まずはコミュニケーションを取りたい人に、触れる……それは潜在意識の行為で構わないのです。相手と会話している時に、両肩に触れる、両手を触る行為をリアルに想像しながら、対話してください。大切なのは、触った感触までリアルに想像し、体感する事です。

潜在意識は、現実とリアルな想像の区別がつかないのです。苦手な相手や気まずい相手と話さなくてはいけない時は、リアルに、体感想像するのです。すると、あなたの潜在意識は、こう勘違いしてしまうのです。「肩に触れたり、手を触ったりするなんて、私は相当その人と親しいのね。じゃあ、もっとリラックスしても良いよね？」

と。

そして、気持ちは移っていきますから、あなたのリラックスした感覚は相手にも伝染していきます。

いつの間にかお互いの表情がゆるみ、肩の力が抜けていたりします。

苦手な相手でも、少し打ち解けることができると見方が変わっていき、ちょっと楽になれるかもしれません。

第5章

ご機嫌でいると運が貯まる

「明るくある」それだけで徳を積んでいる

自分の苦しさを周囲にアピールする「かまってちゃん」になっていませんか？

運気を上げたかったら徳を積みなさいというお話がありますが、日々、良いことをしていくのって難しかったりします。お年寄りに席を毎日譲れるわけではないですし、毎日ボランティアに行けるわけではありません。

『徳とは無類の明るさのことである』安岡正篤

「明るくある」それは徳だと私は感じます。嫌なこと、辛いこと、悲しい事があった時、ふとコンビニの店員さんが優しかったり、買い物に行って、対応がとても良かったりして癒されたことありませんか?

かまってちゃんになって自分の苦しさを周囲にアピールするよりも、周囲の人に「悩みなさそうだね」と思われるように振る舞う努力は徳を積む行為です。明るく行動的な人を見て、コンプレックスを感じて卑屈になってしまうときは、ああこの人は徳を積んでいるんだな、と思って拝んでしまうのも手です。

ある女性の税理士さん、とにかく明るくはきはきとしていて、いつも人が集まってきていて笑顔を絶やさない。その人が来ると場の空気がいっきに明るくなる力をもっている。

ところが、病気を機に働かなくなった夫と引きこもりの娘さんを抱えている。

家に帰ると、真っ先に夫の八つ当たりが待っているという生活なのです。しかし、そんな状況であることは微塵もみせず、ニコニコしている。

その人いわく、「あなたはいつも楽しそうでいいわね〜。悩みなんかないんでしょう」と、言われることが、うれしくてたまらないという。

もし、苦しさをまわりにアピールしてしまったら、きっと進めなくなってしまうかもしれない。

ニコニコとまわりに元気を振りまいていることで、徳を積んでいるのですね。それが原動力となり、ちゃんと自分の心の中で落ち着ける力をつけているのです。

「かまってちゃん」になりそうな時こそ、にっこり笑ってみてください。

言葉から幸せを作る

心が温かくなる言葉を使うことが、良い運を巡らせてくれる

言葉は、武器にもなり、癒しにもなります。

あなたは普段どのように話していますか？　自分の話し方がどのような印象を持たれているのか意識したことはありますか？

どういう言葉を多く使っているか、考えてみてください。

男性がひいてしまうのは、まくしたてるように早く話す女性だそうです。

男性脳と女性脳は違うそうです。女性の方が言語に長けていて、語彙力が高く、それに追いつかない男性は多いようです。特に喧嘩をしているときは、女性けこれでも

かこれでもかと言葉が出てきてしまいますよね。喧嘩の時は、特にゆっくり話すように意識してください（実は私も興奮すると早口です）。

普段の話し方も、ゆっくり話すことを意識してみてください。忙しいとつい早口になってしまいます。良くない、良くない……。

女性は女らしさを失ってはなりません。なるべくゆっくり話しましょう。話し方って、対人関係を良くも悪くもします。

「忙しいから」

「私だって疲れている」

「う〜、ちょっと」

頼まれ事や、誘われた時、気分が乗らない、やらなければならないことがある時、どうやって断っていますか？

「今日、カラオケにみんなで行かない？」と誘われて「今日はちょっと……」と言葉を濁すよりも、はっきり「ごめん、まだ仕事が残っていて、すごく残念行きたかったなぁ」と断ることも大切です。

当たり前のように思うことですが、余裕がなくなっているときは要注意。ちょっと自分の言葉に意識を向けてみてください。

たとえば旦那様に「肩揉んでくれる？」とお願いされた時。

「わたしだって、疲れてるのよ！」と言うよりも「ごめんね〜、揉んであげたいけど、わたしも今日はへとへとなの」と言ったほうが丸く収まります。

言葉は、武器にもなるし、癒しにもなるのです。

さらに言えば、言葉は、そこに含まれている思いとともに相手に伝わるのです。

めんどくさいな！　というマイナスの思い。喜んで、というプラスの思い。

相手は言葉を通して、そこにあるそれらの思いもキャッチするのです。

ですから、断るときや違う意見を言わなければならない時などには、相手を思いやる気持ちで言葉を包んで話していくと伝わりやすくなるでしょう。

自分が何気なく使う言葉、話し方は、楽しい時、腹を立てている時、悲しい時、それぞれどんな感じなのかを、もう一人の自分になって、一度観察してみてください。

意外な発見があるかもしれません。

「だって」「でも」「あなただって」そんな言葉を連発していたら、リセットのチャンス。「やってみる」「わかった」「私こそ」などの言葉に置き換えるように心がけてみてください。

使う言葉、話し方は、おおきな意味であなたの生きる方向性にも関わります。

武器にもなるし、癒しにもなるコミュニケーションツールである言葉。

活かすも殺すもあなた次第なのです。

その場がふっと温かくなる言葉を使っていくことで場が和み、良い運を巡らせていくきっかけになるのです。
幸せを呼ぶか、不幸な状況を招くか…あなたの言葉が作り出すことなのです。

「にっこり」は運気のカギ

誰かにではなく、自分自身に笑顔をプレゼント

今日は一度も笑っていなかった……。そんな自分を嘆くのではなく、鏡に映った自分に微笑んでみましょう。ふと、鏡を見た時に眉間にしわが寄っていないか見てみましょう。

「微笑む相手がいない⁉」

そんなことないですよ。買い物の時、宅急便を受け取る時、何でも良いのです。にこっ、としてみましょう。

息子が保育園に通っていた頃の話ですが、疲れて帰って、夕食の支度をする私に、

息子は「ママ、笑って」と言って、私の口角をつまんで笑顔にしてくれました。そんな時の息子はとても愛おしくて思わず抱きしめ、自然と笑顔になっていました。

あなたの普段の顔はどんな顔ですか？　確かめてみてください。

そして、笑う機会がないと感じたら、一日一回、鏡に向かって笑ってみませんか？誰かにではなく、自分自身に笑顔をプレゼントしてみてください。少しずつ何かが変わっていくのを感じられるはずです。なぜならこの笑顔こそが運気のカギを握っているからです。

笑顔の人と眉間にしわを寄せた人。

どちらの人の側にいたいですか？

そう、笑顔の人ですよね。

反対に不満そうな表情の人と話していると、いつの間にか、自分まで口角が下がってしまい、「あれ、私さっきまで元気だったのに、なんか気分が落ちたな〜」なんてことありませんか？

そう、**笑顔も不機嫌も伝染するのですね。**

表情は、人に影響を与え、そして結果的に最後は自分に戻ってきます。

まさに、鏡のようなものです。

「笑う門には福来る」

笑顔でいることだけで自分自身と周りにいる人を楽しい気持ちにさせてくれます。

特に元気が出ないとき、がっかりしているときは、あえて、にこっとしてみてください。

脳はたちまち「自分は笑っている」と、勘違いをしてドーパミンが活性化してきて、幸福ホルモンが分泌されます。

そして、本当に楽しい気持ちに変えてくれます。

楽しいから笑うのではなく、笑うことで楽しくしてしまう。

会社でミスをして上司に怒られた時、彼と喧嘩してがっかりした時こそ鏡に向かってにこっとしてみてください。

にっこりはそれまでの重たい気持ちからあなたを少し解放してくれることでしょう。

「プチプラス思考」を目指そう！

ちょっとだけプラスの方向に思考パターンを変えてみることで自分自身が楽になります

365日ご機嫌な女でいるのは無理だけど、プチプラス思考をクセにしてしまいましょう。

ネガティブ思考は誰の心にも棲みついています。ポジティブで生きていく方がいいのはわかっていても、ついついネガティブな方向に引っ張られてしまうのです。

さらに今は情報が溢れる時代なので、不幸なニュースに接する機会が多く、ネガティブ思考になりやすいということもあります。

でも、ちょっとした心がけでネガティブ思考からプチプラス思考に変えていくことができます。

たとえば「今日はこれしかできなかった…」と思うのではなく、「今日はこれとこれができた‼」と思うようにするのです。

この方が、ずっと楽しい気持ちになれます。

実はこれ、私自身もよくやる思考法です。ちょっと気がゆるむと引きこもりになってしまう私は、「ああ、今日もまったく外に出なかった…」と自分を責めたくなることがしばしばあります。

そんなときは「今日は家の中で、あれとこれができてよかったな」と考えるようにしています。

プチプラス思考はプチマイナス思考より良いに決まっています。

ちょっとだけプラスの方向に思考パターンを変えると、自分自身が楽になります。

また私は、ホワイトセージを焚いてマイナスエネルギーを浄化しています。

あまりにもマイナスエネルギーを背負ってしまったときは、二つかみの塩とコップ二杯の日本酒をお風呂に入れて、体全体を浄化します。「さあ、浄化された。私は幸せに生きるのだっ！」と鏡に映った自分に向かって微笑みます。

根拠のない漠然としたマイナス思考をするのならば、根拠のない期待のプラス思考をする方がずっとずっと素敵。

大丈夫、あなたは大丈夫なのですよ。

脱、してほしい星人！

誰かのせいで苦しいと感じているなら、その相手に対して「してほしい星人」になっているかもしれません

不満とは、ほとんどが自分の思い通りにならないところから来ます。

相手にこうしてほしい……でもね、残念ながら思った通りの反応はなかなかしてもらえないものです。

いつも連絡するのは私から、向こうからしてほしいとか、愚痴った時に全面的にこちらの味方をしてほしいとか、会いたい時に会ってほしいとか、好きって毎回言ってほしいとか…。

不倫だったりしたら、結婚できなくても「本当はしたい」とか「いつかはしようね」と言葉にしてほしいとか、好きになればなるほど、してほしいことが増えていきます。恋愛を楽しむとか相手を慈しむとかは隅に追いやられてしまって、してほしい星人になっちゃうんです。

あ〜、苦しい、苦しい。

好きになったばかりの頃は、ただいるだけで幸せだったのに、相手がつまらなそうな顔や、自分に意識が集中していないとなんかむかついちゃう。

『あーしてほしい、こうしてほしいって言いだしたら、相手も自分も追い詰めるよ』矢沢あい著『ご近所物語』より。

せっかく好きになって関係を持ったのに（恋人でも友人でも）、してほしい星人になったら、糸が絡み合ってしまいます。

脱、してほしい星人！　相手はあなたと同一人物じゃないし、受け取り方考え方が違うからこそ、一致した時に嬉しいんです。

今、誰かのせいで苦しいと感じているなら、まずは自分が、してほしい星人になっていないかを見直してみてください。

自分の方からいつも何かをしている状態って確かにつらいですよね。

ギブ・アンド・テイクを求めたくもなります。でもギブ・アンド・テイクモードでいると、テイクできなかった時に大きな穴が空いてしまいます。

そして、その穴を必死に受け取ることで埋めようとすることで、恋愛にしろ、友情にしろさらに大きな穴が空いてしまうのです。

脱、してほしい星人！

見返りを求めないで過ごしてみると、あれ、いつの間にか手に入っているという状態になっているかもしれません。

恋愛がうまくいく魔法の言葉

相手に不安をぶつけるのではなく、心の奥にある、本心を素直に伝えていけば気持ちは伝わります

たとえば朝方、彼が他の女性の名前を呼んだら、あなたはどうしますか？

たいていの人はそれをきっかけに疑心暗鬼になって、彼のスマホをこっそり盗み見しようとしたり、彼の行動を監視したい感情にとらわれるでしょう。

ある女性が、会社に行く準備をしている彼に「知らない女の名前を呼ぶなんて！その女は誰なの？　私を裏切るようなことは許さないからね！」と凄んだそうです。

正直言って、私はそれを聞いて彼が気の毒になりました。

サラリーマンにとって朝は「会社」という戦場に出て行く前の大事な準備の時間です。気持ちよく家を出たいものですよね。

そんな時にパートナーである女性から責められ、頭ごなしに叱られたら、相手はどんな気持ちになるでしょう。朝から意気消沈してしまうでしょう。

彼女は彼と付き合い始めて1年たつかたたないかという時期で半同棲中。彼女の気持ちもよくわかります。

最初のころは彼の方が「結婚したい」と積極的だったのに、最近はちょっと腰が引けているようで「もう少し付き合って、お互いをよく知ってからにしよう」と言うようになったというのです。

芸術的才能を持ち、フリーランスで働く彼女はバツイチです。

彼が他の女性のところに行ってしまうのではないかという不安から、思わず凄んでしまいましたが、本心では彼と温かな家庭を築くことを望んでいるのです。

そこで私は彼女にこうアドバイスをしました。

「もっと素直な気持ちを、態度と言葉で表してみてください」と。

彼女は「はい。だから黙っていられず、相手が誰かと尋ねたんです」と言います。

でもそれは彼を攻撃しただけ。「素直な気持ち」とは違うのではないでしょうか。

彼が寝言で他の女性の名前を呼んだとき、確かに「その女、誰なの？　浮気しているの？」と思ったかもしれません。しかし、それは一方的な思い込み、想像であって、相手にとっては攻撃でしかありません。

その前にもっと別の感情があったはず。

その感情とは…。

「寝言で他の女性の名前じゃなくて、私の名前を呼んでほしかった」なのです。


恋愛がうまくいく魔法の言葉とは、そんなふうに「素直な気持ちをのせた、素直な

言葉」のことを言います。

考えてみてください。

「寝言で他の女の名前を言ってたわよ！　その女、誰なの？　どういう関係？」と問い詰められるよりも「寝言で私以外の女性の名前を呼んでいたけど、私の名前を呼んでほしかったな…」と素直に言った方が、気持ちが伝わると思いませんか？

そう話したところ、聡明な彼女はわかってくれました。

そして早速彼に、「今朝は怖い顔をしてごめんなさい。やきもちを焼いてしまいました。本当は寝言でもわたしの名前を呼んでほしかっただけなの…」とメールしました。

彼からの返事は「ごめん。でも本当にあの○○さん（夢の中で名前を呼んだ女性）とはなんでもないんだよ。信じてほしい。今日何かおいしいもの食べに行こうよ」というものでした。

素直な言葉は、ちゃんと相手に届くのです。

あなたにとって前向きになるものを信じる

大人になると、見えない物は信じなくなり、証拠をほしがります

幸せになりたいのなら、信じたいものを信じれば良いのです

妖精。自然の力を宿した神霊の中で、人の形をしたものを妖精と呼びます。あの、巨漢トロールも妖精です。Fairy、羽のある可愛らしい妖精（天使に近いかしら?）を子どもの頃、見た事がある人は少なからずいるはずです。

子どもの時には見えていた物が、大人になったら見えなくなる事って経験ありますか？　大人になると、見えない物は信じなくなるし、証拠がほしくなります。

信じたいものを信じれば良いと私は思います。ただし、ネガティブなものではなく、あなたにとって前向きになるものを信じる、それが一番です。

誰も信じない……。滅多に人を信じない……。と言う人に限って悪い事は簡単に信じてしまう……。良い事は信じないのに、悪い事は信じる……。

それが、ループとなって自分自身の感情に絡みついて心の扉が歪んでしまい、開けたい時に開かなくなってしまうのに……。

一つのドアが閉まると、もう一つのドアが開くと言われます。

幸せになるには、幸せになることを信じなければならないし、愛する人と生きていきたいなら、相手の愛を信じなければいけないのです。

愛は、妖精と一緒です。見えないものなのです。疑ったらきりがないです。

自分は信じていないのに、相手に信じてほしいと願うのはどんなにわがままなことでしょう。ネガティブな言葉は信じてしまい、ポジティブな言葉は信じられないのはどんなに悲しいことでしょう。今、目の前にいる人をないがしろにして目の前にいない人のことばかりを考えるのはとても悲しい癖でしかありません。

愛するということは、信じることでもあるのです。

『あなたが何かを信じると、それはあなたが意識する、しないに関わらず、心の中で大きな場所を占めるようになります。だから、信じるなら、あなたを励まし、祝福し、幸せをもたらすものにしなさい』ジョセフ・マーフィー

マインド・オーバー・マター で現実を動かす

思考で種を蒔き、物質世界で果実を刈り取る
望みを強く描く事ができれば具体化していくのです

『あなたが何か望めば、全宇宙が協力してそれが実現できるように助けてくれる』
パウロ・コエーリョ（アルケミストより）

望みを強く描く事ができればそれを具体化することができるという、量子力学の最

新の研究『マインド・オーバー・マター』という考え方への理解が深まり、支持者が増えているそうです。

私は、対面鑑定の時、「本当はどうしたいの？　どういうふうに思っているの？　恥ずかしいとかそういうのは捨てて、本心を言ってみてください」と、言うことがあります。

人には生まれつき、望むものを引き寄せる能力を持っています。創造のプロセスはその人の確固たる願望から始まります。私たちは、思考で種を蒔き、物質世界で果実を刈り取っているのです。

スコットランド最北端にあるフィンドホーン財団の創設者であり、数々の名言を残しているアイリーン・キャディさんの言葉です。

『必要なものはすべて手に入ると期待しなさい。すべての問題は解決できると期待しなさい。あらゆるレベルにおいて豊かさを期待しなさい。精神的に成長できること

を期待しなさい。あなたは人の法則でなく、宇宙の法則に従って生きているのである。奇跡はすでに起きている。そのことに気づきさえすればいいのだ。自分はかつてないほど満たされていると考えて、そのように振る舞いなさい。そうすればそれが原動力となり、あなたのしたことは形になるのである』

「行動してください」私はよくクライアントさんにそう言います。「**できない理由を並べるくらいなら、できる理由を並べましょうよ**」と背中を押します。あなたの望みに、全宇宙が協力してくれることを信じて……。

クライアントさんからこんなメールが来たことがあります。

「更紗先生、神様はいますか？」

傷ついてがんばって、時間を惜しんで、働いて勉強してボロボロになった、外国人の女性です。私は、彼女にこう伝えました。

「もちろんいます。それは、三次元に生きている人間が、あなたが、心の中にどの神様を存在させるかなのです。どの神様を存在させるかは、あなたによって決まります。なぜならば、選択肢はあなたにあるからです」

「自己啓発」はセミナーを受けたりしなくても自分でできます。

まずは、自分が何を大切にしたいのかを考えて、小さな行動を起こすことからはじめて、小さな喜びや楽しさに気付いてみてください。

今、量子力学では、意識と物質は同じと言っています。これはどういうことかというとあなたが何を考えるのか、何を意識するのかということが、そのまま形となって表れるという意見です。本当にそう思う、そう望むのであれば真剣に望んでください。

そうすることでいつか形となることを信じて、その行動をとってみてください。

小さな変化や動きを感じて楽しむことから始めてみてください。

愛で叱る

愛で叱り、愛で叱られる。導き輝かせてくれる最高の愛

怒るのと、叱るのは全く違うものですね。最近誰かに、愛情を持って叱られた、または叱ったことがありますか?

長年、仲良くさせていただいているプロゴルファーの方がいるのですが、私がまだ20代の時に、一緒に歩いていて「そんなに腕を大きく振って歩いていたら他の人に邪魔だろ。歩き方考えなきゃ」と注意された事があります。そのプロゴルファーは強面でジャイアンキャラでメディアでは怖い人と思われていますし、声も大きいので注意されるとビクッとなりますが、自分勝手な理由で人を叱ったり注意したことがない方

です。言われて「あっ、何も考えていなかった」と当時の私は真摯に反省できました。それまで、まったくそんなことを意識せずに歩いていたので、気を付けるようになりました。

歩く時、周りに気を付けない方ってたくさんいますね。雨の日など、駅構内などで傘を斜めに持って後ろの人に当たっても全く平気な人も多いです。多分、気が付いていないのでしょう。

私は20代の時に、そのプロゴルファーの方に注意され、周りの人を気遣う気持ちをもてるようになったことを、今とても感謝しています。相手を叱るとは、気付きを与えることだと思います。自分が不快だから叱るのではありません。

『愛する者だけが叱りつけて矯正する権利がある』ツルゲーネフ

今のあなたにも、愛で叱ってもらったからこそということがあると思います。

その愛があなたを導いてくれているのではないでしょうか。

他人に優しく、自分には もっと優しく…

自分のことを愛される人間と思えない人は、人からいくら好きだと言われても、心からそれを信じることができない

人から愛される人ってどんな人だと思いますか？

それは「自分を愛することができる人」です。自分を愛するということは、ナルシシズム（自己陶酔）とは違います。また、自分を過大評価することでもありません。

一人の人間として、自分が好きと思えることが大切なのです。自分を知り、自分で

あることを楽しみ、自分のいいところも悪いところも受け止めることです。

自分を否定することなく、大事にしている人が「自分を愛することができる人」なのです。

人は自分の評価以上のものを、自分以外の人から得ることができません。あなたが自分を愛して大切にしない限り、愛する人から愛されることはないのです。

愛情というのは相互的なものですが、一方通行になることだってあります。自分のことを愛される人間と思っていなければ、人がいくら好きだと思ってくれても、心からそれを信じることはできません。

そしてそのような状態が続くと、相手の愛情がそれ以上あなたに向かっていくことはありません。むしろ薄らいでいくこともあるでしょう。

パートナーとの関係が、心から素晴らしいと思えないのについ我慢してしまう人も、自分を信じることのできない人です。

自分は素晴らしい愛情関係を持つのに値する人間だと、自分を信じてあげましょう。

自分を愛することができるようになれば、人を愛する力も強くなり、パートナーからの愛もきちんと受け入れることができるようになっていきます。

重要なことは、これからも自分自身の人生を生きていくという意識です。自分に対して、できる限り手をさしのべてあげましょう。

それができれば相手からも、もっとたくさんの愛を受け取ることができるようになっていきます。

上善如水《じょうぜんみずのごとし》。無理をせず、水を注ぎましょう

植物も愛も同じ。無理やり水を注いでも枯れてしまいます
愛情も適度の距離がなければ重くて消えてしまうのです

愛しすぎて苦しくなっているあなた。

そもそも「愛する」ことに無理をしてはいませんか？

自分の「好き」という気持ちが強すぎるあまり、相手にも「いつも私を一番にして」と強要してしまうのです。

相手の優先順位がいつも自分にないと、それだけで見捨てられたような気持ちになったり、必要以上に傷ついたり…。

それはあなたの愛に過剰な力がかかっているからです。愛されたくて、無理やり愛を注ごうとしているみたい。

まるで植物に水を与えすぎているように、です。

もっと成長してほしいからとせっせと水を与え、与えすぎているのも気が付かずに、「やだ、早く花咲かせてよ」とさらに水を与えます。

気が付くと、根っこが腐っています。

「1週間後には咲いてくれると待ったのに、こんなにお手入れしたのに、なんか違う」と水を与えないままだと、その植物は枯れてしまいます。

植物は、適度な水を与えればきれいなお花を咲かせてくれます。

だから彼への愛も、相手を振り向かせるために無理やり愛を降り注ぐのはやめましょう。

自然に。流れる如く。それが一番です。

『上善は水の如し。水は善く万物を利して争はず』老子

『悟りのまえ、木を切り、水を運んでいた。悟りのあと、木を切り、水を運ぶ』禅の言葉

行動しないことは「自分を粗末にすること」

傷つかないことに焦点を合わせた思考は、心をケチにして幸せを遠ざける

「大好きな人がいるんですけど、傷つくのが怖くて告白できないんです」

鑑定のとき、よく聞く言葉です。

けれども、傷つくのが怖いからといつまでも行動しないでいると、受け身のままの状態がずっと続いてしまいます。

そして、それは結局、「自分を大切にしていない」ことになってしまうのです。

なぜかというと、受け身のままの人生は、人の都合に振り回される人生になってしまうからです。

そういう人に限って、「私には出会いがない」「都合のいい女にされている」と言いますが、私は「そりゃ無理ないでしょ。あなた、自分を大切にしていないもの」と言いたくなります。

「傷つくのがイヤだから告白しない」というのは、人におごったり、ほしいものを買ったりするとお金がなくなっちゃう、だから私はお金を使わない、というのと似たような思考です。

なんだかケチくさいと思いませんか?

自分にちょっとお金の余裕があるとき、友達にちょっとしたものをおごってあげれば、相手は大喜びするでしょう。その姿を見てあなたも気持ちが良くなるはずです。

無駄遣いは良くないですが、女性ならほしかったものを買えた時、うれしくてワクワクしますよね。

愛情も同じことです。惜しみなく表現すればいいのです。

『小さい心の持ち主は頑固である。大きい心の持ち主は人を導くこともでき、また人に導かれることもできる』アレキサンダー・キャノン

傷つかないことに焦点を合わせた思考は、心をケチにしてしまいます。

そして、本当はしたかったことに蓋をして後回しにすると、後になって「ああしておけばよかった…」と必ず後悔します。

そのとき、あなたは今よりも年を取っています。

あなたの人生で一番若いのは「今」なのです。

今、一番若いあなたにしかできないことをする勇気をもってください。

『傷つくことを恐れることは、実際に傷つくよりもつらいものだ』パウロ・コエーリョ

運を貯金している時

ちょっとうまくいかない今、それは運を貯金している時なんです

運も実力のうち本当にそうでしょうか？　結局、運って、後付けです。「私って運が良いから」って思えるか、「私って運が悪いから」って思ってしまうか。

私は、自分で運が良いって思っています。生きていて嫌な事もたくさんありましたが、こうやって今生きているのですから。

ぼのぼのえほんの『クリスマスのこと』で〝ぼのぼの〟たちが運試しをするのですが、最後に、みんなにクリスマスプレゼントが届きます。ヒグマの大将が粋なんで

す。私は、この絵本が大好きで、ときどき読み返しています。

『運の良かったみんなには、さっそく良いことが。運の悪かったみんなには、それでも良いことが。それがクリスマスだよ』という、温かいメッセージで終わる絵本です。

あなたの世界にヒグマの大将がいなければ、あなた自身がヒグマの大将になればいい。大切なのは、**運がないって思い込んだり嘆いたりするのではなくて、運が良いことが起きたら素直に受け取って喜んで、まだ起きない時は、運を使っていないからこれから良い運をまだまだ使えるって信じられることです。「私は運が良い」って脳天気に思えない人は「まだ良い運をほとんど使っていないから、良い運がいっぱい貯まっているのを期待しちゃおう」と思ってみてください。**

実際に運は貯まると言われています。

幸運、不運は平等にくるもの。もし、今あなたが辛い状況に立たされているとしても大丈夫。後々大きな幸運がやってくるものです。
ですから、「今は運を貯金している」そんな気持ちで過ごしていてください。

第6章

明日も起きるのが楽しみになる幸せ感度の上げ方

「私らしく生きたいから私らしく生きたいから変わらない」から「私らしく変わる」

「（彼との関係を）変えないために、（あなたが）変わる」

『変わらずに生き残るために、変わらないといけない』

映画「山猫」でのアラン・ドロンの名台詞です。

人は変わります。けれどもあなたの思い通りには、人は変わりません。何かを変えたかったら、相手が変わってくれないこと、もしくは変わってしまったことを嘆くよりもあなたが変わっていくしかありません。

女性のご相談者の方がよくおっしゃるのが、「彼が変わってしまった」ということです。

2年間お付き合いをしてきたけれども、先日の誕生日に初めて彼がプレゼントをくれなかった、今までは何も言わなくてもちゃんとくれたのに…と。

そこで私は言いました。

「だったら『誕生日だからプレゼントがほしい』と言えばいいじゃない」

彼女が求めているのは「今までと変わらず、何も言わなくても誕生日にプレゼントを用意してくれる彼」です。

でも、お付き合いが長くなるにつれて関係性が変わっていくのは仕方のないことです。人が変わっていくのを止めることはできません。そしてあなたが望むようには、人は変わってはいかないのです。

彼との関係をこれからも続けていきたかったら、あなた自身が変わっていくしかないのです。

まさに「（彼との関係を）変えないために、（あなたが）変わる」ということです。

もう一つ、例をあげましょう。

あなたにはかわいい子猫がいます。いつも子猫をバスケットに入れて、どこにでも連れて行きます。

子猫はやがて大きくなり成猫になりました。もう、いつものバスケットに入れて連れ歩くことができません。

あなたはどうしますか？

「猫に小さいままでいてほしい」とは思いませんよね？　そんなことは無理だとわ

かっているから。

連れ歩くための手段は一つ。「バスケットを大きいものにする」ことしかありません。

「変わらずにいる（変わらず連れ歩く）ために、変わる（バスケットを変える）」＝変わらずに生きていくために変わるのです。

考えてみてください。あなたが大好きな人と変わらずに仲良くしていくために、あなたはどこを変えたらいいのか。

私らしく生きたいから変わらないじゃなくて、私らしく生きたいから変わる、それが柔軟な思考です。

幸福を感じるセンサーを高める

幸せかどうかを決めるのは、環境ではなくあなたの心
幸せを見つける癖をつけましょう
不満を見つけていけば全ては曇ったままなのです

「こんな親じゃなければ」「こんな風に生まれなければ」「こんな旦那じゃなければ」「こんな会社じゃなければ」「こんな顔じゃなければ」と、生まれ持った環境や、現状を嘆きたいことといろいろありますよね。

しかし、幸福度を感じるセンサーが低ければ、たとえそれらの状況をクリアできたとしても、さらにまた別の不満に目がいき不幸の種を見つけてしまうことになりかねません。

嫌でたまらない環境、勇気を持って変えてみることは大切。

しかし、環境を変えることだけで幸せはみつかるのでしょうか。

その鍵を握っているのは、あなた自身。

周りがどんなに「そちらの方が幸せだよ」と言っても本人が嫌だったら幸せではないです。「あの人いいひとだよ」と言われても本人がその人に何も感じなければ一緒にいてもつまらないのです。

幸せは、自分が感じるもので、周りが決めるものではありません。

たとえ周りから見たら幸せそうでも、本人がそう感じなければ不幸なように幸せか、幸せじゃないかは、自分自身の基準が絶対値なのです。

親でも、友達でもなく、幸せかどうかを決めるのは自分自身。


「私はこれから幸せになれますか？」

「私は彼と結婚して幸せになれますか？」

「私はどうしてこんなに不幸なんでしょう、これから幸せになれますか？」

こういう質問、鑑定させていただいてよくあります。自分の人生が幸せかどうかは誰が決めるかというと、もちろん本人です。神様でも両親でもなく、自分。

あなたにとって幸せって何でしょうか？　お金？　仕事？　子ども？　恋愛？　健康？　全部って言われちゃえばそれまでですが…。

女性のほとんどの方が、極論を言ってしまえば、好きな相手と一生恋人気分で、生活費に困らず暮らせることなのです。好きな相手と一生恋人気分でいられることとって、すごく難しいのが現実です。

恋愛だけではなく、自分自身が幸せと感じる精神状態って何だろう、自分がやりたいこと、やり残したことって何だろう、幸せってなんだっけ？　突き詰めてみてください。

私は自分が幸せって感じる状態って何かと考えた時に出た答えがあります。

「明日も起きるのが楽しみだな」と思えて夜、眠れることです。「生きてるっていいな」と感じられることって幸せなんですよね。

「明日はあれもこれもしなくちゃならない。嫌だなぁ」と思うことはたくさんあるけれど、「明日はあれがあるから楽しみ」というものも小さなことでもどんな些細なことでも、なるべく何かプラスするようにしています。

幸福度を上げるセンサーを高めてください。不満を見つけることにとらわれていれば、全てが曇ったまま。

「あーあ、明日も嫌だなぁ」と思ってしまう日こそ、なにか小さな楽しみを作るように努力してみませんか?

幸福度を上げるセンサーを高めてください。
幸せかどうかを決めるのは、環境ではなくあなたの心なのです。
数々の名言を残したフランスの詩人アンドレ・レニエはこう語ります

『どうか僕を幸福にしようとしないでください。それは僕に任せてください』

肝心なのは幸せを感じる心であって、完璧な幸せを求める心ではありません。
「幸せを感じられる心」身近なあなたの幸せと思うものに目を向けて感謝したりうれしいと思う癖をつけてみませんか?

「ないない」から「あるある」へ

出会いがない、仕事がない、とお嘆きのあなたに贈る言葉

思い出してみてください。小学生の頃、縄跳びの大縄が、目の前でまわっていて当たり前のようにすんなり入って軽々跳ぶ子、入ったはいいが、足を引っかけて止めてしまう子、なかなか入れずに何度か入る仕草をするけど、縄跳びを回している子に「早くっ！　手が疲れちゃうよ」と文句を言われ、やっと入れる子、いろいろでした。

でも、入ってしまえば「何回まで皆で跳べるか」と、大縄の回転にうまく乗ってい

き、楽しい気分にさえなります。

『行動しなさい。そうすれば、力が湧いてきます』（エマーソン19世紀初頭アメリカで広まった『超絶主義』の思想運動家）

エマーソンのこの言葉は、私の中では、タロットカードの『運命の輪〜Wheel of Fortune〜』がぴたりと嵌まり縄跳びの大縄が回っているカードと呼んでいます。

「運命の輪」のカードは、目の前で回っていますが、自分から入っていかなければ、跳ぶことも、跳んだ回数を数えることもできないのです。

さあ、迷わないで、入って跳びましょう。きっときっと楽しいに決まっています。ただじっと見ているだけでは、そのうちに、縄をまわしている人は疲れて、止めてしまうかもしれません。

エマーソンの「行動しなさい。そうすれば、力が湧いてきます」はまるで、運命の輪の様なアドバイスです。

出会いという大縄も、仕事という大縄も運命という形で回っているのです。

運という字は、動くという字であり、巡るという字でもあります。

あなたの人生を動かすのは、あなた自身しかできないのです。

回っている輪を眺めながら「どうしよう…」と思いとどまっている時の方が、辛いものです。途中で足を引っかけても、輪はまた回り始めます。

輪の中に入っていこうと決めた時から、あなたには、人との出会い、新しい仕事などいろいろなものごとが用意されていることを発見できると思います。

まずは、回っている輪のなかに入ってしまいましょう。そこからすべてが始まります。

誰かの幸せを心から願う

遠回りのようで近道
元気のエネルギーは自分のためにではなく
誰かの幸せを思うことで本当に巡って くるのです！

何をしていてもつまらない、おもしろいことがない……。そんな風に感じて生きている時ってあると思います。私の人生大変なことばっかり、なんか楽しいことがないかなぁ。恋をする。やりたかったことを始める。そんな兆しもやる気も起きないし。ただただ日々を生きているだけ……。

何がほしいのと言われると、抽象的だけど、『元気なエネルギーがほしい』。でも、その元気なエネルギーはどうやったら出てくるのかわからない。

そんな回転から抜けたいですよね。

それは簡単！

元気のエネルギーって、自分のことばかりを考えているとそれがバリアとなって湧いてこないものです。自分以外の誰かのために行動をすれば良いのです。

人は、関係性のなかで生きていて、1人で生きていくことはできません。お互い協力し合い、信頼関係を築くことで、助けたり、助けられたりしていくなかで成長していくのです。

天国の長い箸のお話は有名ですが、ご飯をおいしくいただくには、長い箸で自分の口に食べ物を運ぶのは難しくお互いの口に食べ物を運んであげることでおいしくいただくことができます。

それと同じで、この世は、自分、自分と言っていては、うまくごはんを食べることができないのと同じで、うまく回らないのです。

待っているだけでは人生は動きません。

まずは、自分のためにではなく、誰かの幸せを思うところから始めましょう。

遠回りのようですが、元気のエネルギーが湧く近道になります。

そして、こうも考えてみてください。農家の人々は自分たちの作るお米で人々の命をつないでいます。洋服のデザイナーは、自分のデザインの服を着た誰かをハッピーな気持ちにさせています。

そう考えると自分の行動のなかでも回りまわって誰かの幸せにつながっていくのです。

直接的な感謝はもらえなくても、誰かのためになっているということは心を明るくします。

少し前のことですが、駅の階段をかなり高齢の男性が一人で上ろうとしていました。

かなり不安定な足取りで大丈夫だろうかと心配になりました。

が、ふと見るとその男性のすぐ下にぴたりと若い男性がくっついて上っていきます。

高齢の男性が一段上ると自分も一段。

そうやって、階段を上り切ったら、その若者はさっと自分のペースに戻り早足で人ごみに消えていきました。

当然高齢の男性は、その若者の存在は知りません。

でも、それを見ていた私はすごくうれしくなりハッピーな気分になりました。

あなたも誰かの幸せを心から願ってみてください。

きっと元気のエネルギーが湧いてきますよ。

神の意のままに生きる

人が人を変えようとすることは、神の意に背くこと
「欠点を直す」という決定権は本人にしかない

神の意のままに生きるのか、抵抗するかは、まずあなた自身をフラットな状態にすることが要となります。

私は、月光浴をクライアントにお勧めしています。「ムーンセラピー」は、精神を癒す効果もあります。

月の波動は、心や体のいらないものを浄化してくれるパワーがあると言われています。そして、今宵の月はどうなのだろうと、空を見上げる余裕は、あなたにとって心

の余裕を作ってくれます。

月を見て、泣きたくなったら素直に泣いてください。月の光は、あなたのその気持ちをわかってくれるでしょう。

特に、満月の前後は、月の優しい光に「パワー」がたっぷりと入っています。月のパワーは浄化の効果の他に、フラストレーション、執着、幼児期からのトラウマなどからの解放をサポートしてくれます。

もし、今あなたが、彼（夫）との関係がうまくいかず、彼を変えたいと思っていたら、まずは、自分を変える、変えてみようという視点に立ってみましょう。

女性は彼（夫）の欠点に気づくと、相手を変えようとしたり、自分の意のままにしようと躍起になってしまいます。それは、神の意のままにすることを止めようとしているのです。あなたがしなければならないことは、彼（夫）を自分が思う良い形にすることではありません。自分自身を良くしようとすることなのです。

人を支配しようとしても、うまくはいきません。

もし彼（夫）が自分の欠点に気づいていないために何かに失敗していたり、そのことによって二人の間に問題が生じているのならば、それは、気づかせてあげる必要があるかもしれません。しかしその時も「自分は彼（夫）を受け入れている」と、いうことを忘れないでください。そして、彼（夫）が自分の欠点に気づいたら、もうそのことには触れずにいましょう。

そこから先の欠点を直すか直さないかは、本人に任せておきましょう。それが「受け入れて、任す」神の意のままに生きるということです。

五感、第六感、そして第七感

「幸福を感じる感覚、第七感」

聴覚が優れている人と同じように、第七感（幸福感）が優れている人は幸せとたくさん出会うことができる

『人生の目的は、幸せになることです』

ダライ・ラマ14世の言葉です。

「生きる意味」

「人生の目的」

考えてしまう事ってありますよね。

人は幸せを感じていく。シンプルにそうだと私は思います。

幸福感とは、五感（視覚・聴覚・味覚・嗅覚・触覚）と第六感（シックスセンス）の他に、人間が生きていく中で必要な感性をいいます。幸福感は第七感と言っても良いかもしれません。聴覚が優れている人と同じようにこの幸福感が優れている人は生きていく上でとても良いことだと思いますし、逆にこの幸福感が優れていない人はとてもとても悲しいことだと思います。

「幸福論」で有名な新宮秀夫氏は、幸福について4つのステージがあるとおっしゃっています。
●第一のステージ　富、名声、恋、スポーツ、食事などを通じて快楽を得ることに幸福を感じる。

- 第二のステージ　獲得した快楽を永続させようとするいとなみの中に幸福がある。
- 第三のステージ　苦しみや悲しみを克服する営みの中に幸福がある。
- 第四のステージ　克服できない苦しみの中に、幸福がある。

第一のステージは皆が当たりまえのように思う幸福ですよね。お金もあって、趣味もある、旦那さんもいて、美味しいものも食べられて、生活費を稼ぐ為に働かなくても良い。

けれどもそんな環境でも、「自分は幸せ」と感じられない方もいます。幸福感が慢性化して、鈍くなってしまったのですね。強欲や見栄で幸せは得られません。まして や他人と比べるなんて、飲めば飲むほど喉が渇く海水ドリンクのようなもの。

強欲や見栄、または他人と比べることも否定はしません。悪いことをしているわけではないから。あなたがずっと努力をして、それらを掴んだのでしたら、そのことを誰にとやかく言われる筋合いではないのです。美味しいものも食べられること、そういうお金があることを自分のなかで誇ってもかまわないのです。

それよりも、そうしたことを繰り返しても「幸せを感じない」ことを正視しましょう。

なぜなら、あなたが幸せになることが最も大切ですから。

すると、強欲や見栄や他人と比べること、美味しいものを食べること、お金は、幸せそのものではないことになります。たとえば、オリンピックで金メダルをとった選手は一時的には幸せですが、永遠にその幸福感は続きません。今ここに生きている中で「幸せを感じてみる」それが幸福感をより豊かにするものだと思います。幸せを感じて生きていく、それが生きていく意味だから。

あなたの笑顔や思いやりの「星」で暗闇を照らす

与える愛で静かな幸せを感じていく

切ないほど誰かを愛してしまったとき、人はその愛を「形」にしたいと願うものです。愛すれば愛するほど、想えば想うほど、確かな「約束の言葉」がほしくなります。

逆に、疑い深くなることもありますね。一日でもメールの返信がないと、自分以外の誰かといるのではないかと疑心暗鬼になったり…。

やがてすべての出来事を別れの予兆に結びつけるのもよくあること。完全に余裕を失って、イヤな言葉を相手にぶつけるようになっていきます。

もしあなたが本当にその人を愛しているのなら、そしてこれからも一緒に生きていきたいと願い、他の誰かではなくて自分を選んでほしいと思っているのならば、そうした不安な気持ちを持つことは逆効果です。

それよりも大切なのは、もっと彼を信頼し、彼に対してやわらかな態度で接することです。

私はそれを「星を集める」という言葉で表現しています。

彼があなたの顔を思い浮かべたときに心の中に湧き上がってくる、あなたのたくさんの笑顔や思いやりの言葉、自分を気遣ってくれる態度、やわらかで居心地のいい雰囲気や癒しのオーラ…それらが数々の星となるのです。

人は誰しも迷うものです。

まるで月明りしかない夜の街を歩いていて、ノートルダム寺院に迷いこんでしまった時のように、彼は今、途方に暮れています。

そんな時、きっと彼はあなたの顔を思い浮かべます。するとあなたが集めていた星たちが、暗いノートルダム寺院の出口を照らしはじめ、彼は出口を見つけることでしょう。

ノートルダム寺院を出た時、もう夜は明けていて、太陽が輝いています

あなたの愛の星によって、彼は心を惑わす暗闇から抜け出すことができ、あなたの愛の星は彼にとって光となったのです。

人は一番辛いときに、思いやってくれた人を忘れません。

あなたは愛する彼からの与えられる愛に執着してしまいがち。

しかし、彼の人生のなかに光を照らすことも忘れないでほしいのです。

もし、今、彼自身が何か迷っている、辛い状況にあるのならば、まずは、彼の足元

を照らすことを考えてみてください。
与える愛は、あなたの心を豊かにしていきます。
そして、それはきっと彼の心に響き伝わっていくことでしょう。
彼はもう迷うことはありません。そして確信するのです。
「自分の人生には彼女（あなた）」が必要だと。

幸せになるためのステップ

幸せになるために「別れのカード」を自分の手で切ると必ず素敵なギフトがやってきます

どんなに愛し合った二人でも、別れが訪れることはあります。

別れには寂しさや悲しさ、孤独感がつきまとうので、ネガティブなイメージでとらえられがちです。そして「これからの自分の出会いはあるのだろうか」と不安に感じてしまうかもしれません。

相手に別れを切り出されたら、辛くてなかなか受け入れられなくて当然ですが、実は別れを告げる方も葛藤を抱え、悩み、苦しんでいることを忘れないでください。

セックスレス、子どもがほしいかほしくないかなど、明らかな価値観の不一致がある場合はまだしも、他に好きな人ができたという理由で別れたいとき、それまで付き合ってきた人にはっきりと別れを告げるのは辛いものです。

でも、そうやって「別れたい」と言ってくれる人のほうが、黙ってフェードアウトしてしまう人よりもずっと誠実なのだということをわかってあげてください。

そしてあなたにとってその別れは、今は受け入れがたいものであったとしても、新しい幸せを手にするチャンスでもあるのです。

別れたがっている相手をつなぎとめたくて苦しみ続けるよりも、「この状況がいつまでもずっと続くのは、私にとって幸せなことではない」と、気付いてください。

別れの選択をするのは、決して負けではありません。

幸せになるための手段として、別れというカードを「自分の手で切ったのだ」と思ってください。

だって、あなたと別れたい相手を「さみしいから」という理由でいつまでも自分に縛りつけようとするなんて、しんどいだけでしょう?

そんな無意味なお付き合いから自分を解放してあげれば、必ず素敵なギフトがやってきます。

そのギフトとは、あなたが持っている才能の開花だったり、新しい出会いだったり、本当にやりたかったことへの気付きだったりとさまざまです。

この辛かった恋愛で頑張った自分を、褒めてあげて、成長していく自分を認めてあげてください。

自分の種を蒔こう

「蒔かぬ種は生えぬ」
あなたの望みの花を咲かす種蒔きから始めましょう

種蒔きを続けている人は、必ず、花が咲きます。実もなります。いいのです、自分のペースで……。そうすれば、自分が望む花を咲かせたり、実を結ばせたりすることができます。

たとえば彼にどうしてもわかってほしいことがあったとしましょう。

でも「今すぐにわかってもらう」のは難しいのです。

もし本当にわかってほしいと思うのならば、とにかく彼に優しくし続けることです。優しくして優しくして優しくして優しくして優しくして…ととことん優しくし続けて、「自分にこれ以上の女は現れない」と思うくらいまでになった時に初めてわかってもらうことができるでしょう。

そのとき、あなたは彼にとっての女神になっています。

それが「種を蒔き続ける」ということです。

姫女苑（ヒメジョオン）という花をご存じですか？「素朴で清楚」という花言葉の初夏から咲き始める野草です。密集して咲くときれいな花ですが、ありきたりな花なのと草丈が高いわりに花が小さいからか、あまり注目されないようです。

小学生の頃、空き地にありきたりに咲いている、この姫女苑を『貧乏草』などと酷い呼び名で呼んでいました。大人になってから、この姫女苑の可憐で控えめな美しさに改めて「貧乏草なんて呼んでごめんなさい」と思いました。

薔薇が大好きな私ですが、コンビニの駐車場のコンクリートの隙間で美しく、凛と咲いている姫女苑をみると、「あなたもどこでだって花を咲かせることができるのよ」と、語りかけられているように感じます。

そして、誰もできないくらい、とことん優しくして、最後に自分の思いを遂げる女性というのは、姫女苑の花のような女性なのではないかと思うのです。

今の自分の種は、どのような状態なのか、何を育てて、咲かせていきたいのか?

自分の可能性に気づくことが大切です。

自分にとって美しい花の種を育て、咲かせることができるのは、自分だけです。

そしてまた、自分の目には『貧乏草』にしか見えない男性もまた、姫女苑でもあり得ることを忘れないでください。

お見合いパーティーで知り合った男性のことを、「どうしようかな」と値踏みする女性がいます。「いい人なんだけど、ちょっと住んでいる場所が離れているので、迷っているんです」などと言い出すのです。

そんな時私は、「ちょっと待って。今、あなたはその人のことを好きになっていないから、自分が断る立場になることしか考えていないでしょ？　でも、向こうから断られる可能性もあるのよ」と言います。

すると「え？　向こうから断られることなんかあるんですか？」とたいそう驚くのです。

相手を『貧乏草』と決めつけて、自分にだけ選択権があると思っているのです。

その前に、まずは相手に心を開いて、相手のことを知る努力をしてみましょう。

「どうしようかな、この人、お見合いパーティーに来る男性の中では、まあマシな方だしな」じゃなくて、まずは楽しんで会話をしてみるのです。

「あなたは何をしているときが楽しいですか？　私はこんなときが楽しい時間なんです」と心を開いてみる。

心を開いてこない相手を、パートナー候補に選ぶ男性はいないのですから。

「蒔かぬ種は生えぬ」と言われますが、まずは、あなたの望みの花を咲かす種をまくことからはじめてみてください。

優しくなりたい、優しくありたい

人を認めてあげられる……そんな心で生きていたら自分が幸せになっていきます

「優しくなりたい」

辛い経験をしたクライアントさんがそうおっしゃいます。

そう思うことは、辛い経験がプラスのエネルギーになった結果です。

優しくなりたいと思った時に、もうあなたは優しい人間です。人の痛みがわかる方です。

自慢ばかりしている人に、素直にそれはすごいねって言いたい。

恋愛がうまくいかなくて悩んでいる人に、だからダメなんだよじゃなくて心から頑張れって言いたい。

甘えてばかりの依存体質な人に、甘えられて可愛いなって思いたい。

時間を守れない人に、おおらかにそういうのってわかるよって言いたい。

自分にできないことをさらりとできちゃう人に、卑屈にならずに尊敬の眼差しを向けたい。

愚痴ばっかり言っている人に、少しでも安らぎをプレゼントしたい。

自分の年齢を自覚しない若作りしすぎの女性に、私も本当はそうでありたいと認めたい。

自分の思い通りにならなくても怒らない人間になりたい。
優しい人になりたいって思うことは、自分も人に優しくしてほしいことだと、強がらないで認めたい。
好きな人の、好きな人ではなくても、相手の体調を気遣いたい。

自分の中の優しい自分を認めたい。
相手の中の優しい部分を認めたい。

優しい人間でありたいと思う自分を誇りに思いたい。

そして、優しくしても優しくしても侵略してくる相手には、被害者にならずに笑顔で未練なく「さようなら、またいつか」と言いたい。

人は他人のために存在する。

何よりもまず、その人の笑顔や喜びがそのまま自分の幸せである人たちのために。

そして、共感という絆で結ばれている無数にいる見知らぬ人たちのために～

by アインシュタイン

優しさは強さだと思います。

我慢も必要だと思います。

正義を振りかざしてジャッジするよりも、優しくありたい、そう思うことは、心の浄化、魂の成長になると私は信じています。

先に飲んじゃう「女神の法則」で恋の勝利者になる！

全てはシンプル
先に好きな人の気持ちを丸ごと受け止めてしまうこと

あなたの恋をレトロな瓶にたとえるとしましょう。

あなたはその中をきれいなピンクのサイダーで満たしたいと思っています。ピンクのサイダーは彼にこよなく愛されている、あなたの満足感です。

ところが実際に入っているのは、あなたがあまり好きでないブラックコーヒーです。

これではピンクのサイダーを入れることができません。

どうすればいいのでしょうか？

答えは極めてシンプル。その瓶を空っぽにしてしまえばいいのです。

あなたが苦しいのは、その瓶にすでにブラックコーヒーが入っているのに、それを無視して（あるいは強引に中身を捨てようとして）、ピンク色のサイダーを入れようとしているから。

だからまず、あなたがその瓶のブラックコーヒーを全部飲んで空にしてしまえば、ピンクのサイダーが入れられるというわけ。

この場合、ブラックコーヒーとは、彼の言い分や気持ちを表します。

恋をした女性は「こんなに愛しているのに、彼にわかってもらえない」被害者や、

「とことん彼を追い詰める」尋問者になりがちです。

そうではなくて、聡明で大らかな「女神」になりましょう。

女神とは女性の姿を持つ神のことを言います。

私がイメージする女神とはタロットで言うEMPRESSのこと。愛と豊かさの女神・ヴィーナスです。

彼女は他者を愛し、他者に自分の持てるものすべてを捧げることを厭いません。

ほんのひとつまみの種のプレゼントでも、それを使ってたとえ焼け野原でも豊穣な麦畑に変えてしまうような女性です。

その心には深く美しい森と、湧き水でできた清らかな川があって、周りの人たちに大いなる恵みをもたらします。

一朝一夕にそんな女性になるのは難しいことですが、まずは女神を目指して少しずつ努力してみませんか？

ブラックコーヒーを先に飲むということは、「わかってもらおうとするのではなく、まず彼をわかろうとすること」です。

被害者にも尋問者にもなることなく、その瓶のブラックコーヒーが空になるまで、彼の言い分を聞いてほしいのです。

彼の言い分をすべて聞くことで、あなたはピンクのサイダー（あなたの思い）をそこに注ぐことができるのですから。

これが**「先に飲んじゃう女神の法則」**です。

たとえそのブラックコーヒーがどんなに苦くてまずくても、先に飲んでしまいましょう。

もしあなたがその瓶（あなたの恋）を手放したくないのならば…。

一日の始まりと終わりに感謝する

人、もの、時代すべてに感謝しているうちに、今の自分の幸せを心から感じられる人になれる

私の一日は神棚のお水を替えて、手を合わせることから始まります。

「今日も無事に起きられました。ありがとうございます」

目が覚めるというのはすごいことだと思うのです。目を覚まして、また新たな一日を迎えられたことに感謝の気持ちを抱かずにはいられません。

それから家の中を浄化させるために、玄関でお香を焚きます。

身支度をして家を出るときは、部屋に「行ってきます」と声をかけることも忘れません。

仕事場にも神棚を置いているので、家と同じように神棚のお水を替え、手を合わせ、お香を焚きます。

帰るときは「お疲れ様です。今日もありがとうございました」とお礼を言います。同僚やスタッフのメンバーに声をかけるのと同じように、鑑定ルームにもお疲れ様とあいさつして帰ります。

「運気を上げよう」というつもりでやっているわけではありません。

いつのころからか習慣になったという感じです。

神社へのお参りも好きでよく行きます。

先日は「ちょっと、疲れてきたな」と思い、靖国神社へ行ってきました。

靖国神社には記念館があって、太平洋戦争で亡くなった若い人たちの手紙などが展示されています。

それを目にするたびに、こんなに早くに亡くなった方々もいるのだから、自分のような年齢まで生きられたことは本当にありがたいことだと思うのです。

そして、こうして日本のために戦ってくださった方々がいたから、今、自分はこうして平和な日本で生きていられるのだとも思います。

ちょっと話が飛躍しますが、私は辛いとき、歴史に関する本やインターネットのサイトを見るようにしています。

人類の歴史は、ほとんどが悲惨なことの連続なんです。今ほど医療が発達していなかった時代、はやり病で命を失う人がどれほど多かったことでしょう。

戦争のない時代はなく、他国の侵略を受け、長いこと支配下にあった国もたくさんあります。

そうした歴史上の事実を知り、先人たちの苦労に想いを馳せることで、「ああ、私は文句を言っている場合じゃない。この状況に感謝しなくては」と強く思うのです。「あなたたちがいてくださったから、今の私があります」と。

今の自分の問題に近視眼的にフォーカスするのではなく、自分の視点をぐっと遠くに引くというイメージです。

すると、今という時代に、この日本という国に生きていることに感謝の気持ちが湧いてきます。

感情のごみ箱を感謝の贈り物に変える女神的生き方

最大のストレスである争いのステージから降りて「与える人」で生きることが自らを幸せにする

感情のごみ箱に苦しんできたあなたへ、さあこれが最後になります。

ここで、一度よく考えてみてください。ごみというのはごみになる前の形がありま す。

例えば食事をし終えお皿に残ったごちそう。

どんなおいしいものであっても、食器を洗う段階では「ごみ」となってしまいます。

それと同じで、出来事もいやなこと、うれしいことはあなたの心が判断して作り出している世界なのです。おいしかった食事に感謝を込めて食事を終わらせるように、あなたの感情のごみ箱に入っているものも感謝に変えることができるのです。

そう、実はごみではないのです。ごみとして頭が判断しているにすぎないのです。

たとえ、人から不当に受けた八つ当たり、いじわるなど、ごみに見えるかもしれない扱いを受けたとして、そこに起きる悲しみ、怒り、それらは感情でしかありません。

ですから、それらの感情のごみ箱のなかにあるいやな思いの数々をいったん切り離してみましょう。

ただ起きた事象にすぎないこと。たんなる出来事として受け止めてみてください。

「同僚が意地悪をした」「上司が不当にいばっている」と、淡々とひとつの事象としてとらえます。大切なことは、そこに感情を乗せないことなのです。

冷静にその事象を見ていくと、その出来事の向こう側にある、相手の悲しさ辛さが出てきます。ああこの人って、親や誰かのいやな感情をぶつけられて「ごみ箱」にされて、自分のところで食い止められず、他の人に八つ当たりして「ごみ箱」を連鎖させているんだ。最初からいやな人だったわけではないんだ、と受け止めることができるでしょう。

そう思えることは、何よりもあなた自身の成長です。

やられたいやなことに対して、どう受け取るかで「ごみ」にするか「慈しみ」「感謝」にするかはあなた次第なのです。

マイナスの感情が、どんどん連鎖して今の世の中はとても生き辛いものになっています。

満員電車に乗ると、とても不満のエネルギーが充満していますね。

それは感情のごみ箱が、どんどんどんどん人から人へと連鎖して伝わっているからなのです。

ですから、あなたで、感情のごみ箱をストップしていきませんか。

本当にいやな人だなぁと思う人が一人いても、負のエネルギーは伝播していきます。同じように、人に癒しを与えている人や、ピュアな心の人を見ることで周りの気持ちも変わります
せっかくなら、プラスのエネルギーを広めていきたいですね。

本書の一番伝えたかったことは、そういった全てを包む「女神の生き方」です。

難しいような感じがしますが、実はそういう風にして過ごす方があなたの心は幸せになります。

そうはいっても「感情のごみ箱に汚された」と悲しくなる気持ち、辛いですね。

でもその辛さをマイナスのまま、人に移していても幸せにはなれません。

私たちには、内なる心という力が与えられています。

ただ環境のされるがままだったり、いやな人のごみをぶつけられて、その通りにされるがまま「ごみ箱」になり、今度は他の誰かを「ごみ箱」にする。そんな受け身の生き方だけじゃなくてもいいはず。犠牲になどならなくていいのです。

主体的にあなたが決めていいのです。「私はこのごみを連鎖しない」と。

人生を、織物に例えると、どんな色合いの織物を作るのかを決めるのはあなたです。ごみ箱にされ、悲しい暗い色合いに織り上げていくのか、美しく、着る人がうれしくなる色合いに織り上げるのかは、あなたが決めることができるのです。

そこに必要なのは、きれいな色合いにしようと決める心、**あなたの決心**なのです。

人生は、全てあなたに主導権があり、これまでの環境やいやなことの連鎖をしない。

やられてやり返すでもなく、他の誰かのところへごみを連鎖させるでもなく、あなたの方が「私はきれいで癒される小さな祈りを出会う人、一人一人に向けていきたい」と、心の中で〝女神で生きる〟と小さく決心することで、あなたの人生と周りの人の人生がとても照らされていくものに変わります。

「感情のごみ箱」にされたとしても、あなたの大切な人をごみ箱にするのは終わりにしましょう。一時的にすっきりしても、あなたもあなたにごみ箱にされた人も幸せにはなれないのです。それよりも、あなたを「感情のごみ箱」にしようとする人に、少しでも「ＮＯ！」のサインを出してみる。

あなたは大切な人にごみをぶつけない。

そして、やさしい言葉をかけることであなたに感謝の思いが返ってくるのです。

それは、愛と感謝の連鎖の始まりとなり、それこそが、あなたもあなたの大切な人たちも幸せになるプラスの循環となるのです。

あとがき

最後までお読みいただきましてありがとうございました。

休日。体が重いし気分がすっきりしない。起きて支度しようと思っても気分が乗らずに、布団でゴロゴロ。楽しいことが何もない、私だけが損しているような気分。友達とのご飯の約束があったけれど、また愚痴を聞かされると思うと気が乗らない。そうだ、断ってしまおう、うん、断る。

そう決心して、その友達に「体調が悪いから、今日はごめん。この埋め合わせはするから」とラインをしたところ、予想に反して「大丈夫⁉　私も風邪気味だったからちょうど良かったから気にしないでね。体調悪いだろうからレスは気にしないでね。ゆっくり休んで。お大事にね」と思いやりのある返信が。

「やさしい言葉をありがとう」と素直に思って、今度は愚痴を否定しないで聞いてあげようと思ってしまう。

これが「え〜っ、約束したのに、残念。今度埋め合わせしてよね」とか「私と会いたくないから具合悪くなったんじゃないの？」「今度おごりだからね」といった内容であったら、やはりこの人とは二度と会わない、断って良かったと思ってしまったことでしょう。

いやだいやだと思っていたのに、やさしい言葉をかけられると、それまでの負の感情は消えてしまいます。

「感情のごみ箱」は連鎖します。そして、やさしさも連鎖します。

それならば、やさしさを連鎖した方がお互いに幸せになれますね。


心を平穏にすると幸せを感じることができます。

誰かの感情のごみ箱にされたからといって、他の人をごみ箱にして解消するのではなく、そのごみ箱をきれいにするために誰かにやさしくする！

とてもシンプルなことです。


３６５日、前向きでいることは難しいと思います。それでも、今日だけは文句言わずにごねずにいようとか、今日だけは人に八つ当たりされたら、その場で「その言い方はちょっとやめて下さい」と凛として言ってみようと、実行する日を作ってみてください。

それができたら、自分を褒めてあげましょう。

今日は自分で快晴の日を作れたね、よくやった！　よくやった！　と。

今日、誰かにいやな感情をぶつけられたなら、他の誰かに、やさしい言葉をかけてみてください。周りに誰もいなかったらコンビニの店員さんに、駅員さんにひとこと「ありがとう」と、言ってみる。

向こうから来た自転車に道を譲る。なんでもいいので、やさしさをふりまいてください。

そして何よりも自分に！

私、大変だけど、頑張っているじゃない！　と。

人生はいい日もあれば辛い日、悲しい日もあります。

泣きたいときはもうワンワン泣いてすっきり、怒りたいときはまったく、と腹をたてててください。

しかし、それを他の人へと転化してしまうと、きっと負のスパイラルを起こし、あなた自身もそこから抜け出られなくなります。

あなたの「やさしい気持ち」や「にっこり」には、重く沈んだ気持ちを楽にする力を秘めています。

本書が、その気持ちの切り替えのきっかけとなることを願っています。

あなたが、心の幸せを感じやさしい笑顔で生きることで、『感情のごみ箱』が『感謝の贈り物』に変わりますように。

占いカウンセラー　更紗らさ

東京・新宿御苑の占いサロン「夢告げ」主宰。

数々の占い師がせめぎ合う占い激戦区の東京新宿で何も宣伝もなしで予約が殺到している「実力派」。

延べ16000人以上を、独自の鑑定手法で解決へと導いてきたその手腕は高く評価され、リピート率は95%にも上る。

占い師育成にも力を入れ、プロとして活躍できるまで育てることで希望者が殺到するが、「本物を育てる」というスタンスを変えず、人数を限定しての教室を開催している。

数々のテレビ出演のオファーにも、鑑定・占い教室での時間を優先したいと全て断り、自身の推奨する「女神的愛」でやさしく包み込み、ときには、母親のようなきびしさで、老若男女問わずそれぞれの抱える、悩み、苦しみから解放し絶大な人気を誇る。

人の苦しみのなかに潜む『感情のごみ箱』という負の連鎖を痛切に感じ、負の連鎖から、幸せの連鎖へと変わることを提唱しており、本書でその問題への捉え方・考え方を説いている。

「感情のごみ箱」にする人 される人

2018年7月30日　第1刷発行

著　者　更紗らさ

発行所　㈱三楽舎プロダクション
〒170-0005　東京都豊島区南大塚3-53-2
大塚タウンビル3F
電話：03-5957-7783
FAX：03-5957-7784

発売所　星雲社
〒112-0005　東京都文京区水道1-3-30
電話：03-3868-3270
FAX：03-3868-6588

印刷所　モリモト印刷
装　幀　Malpu Design（柴﨑精治）
カバー／本扉イラスト　Malpu Design（柴﨑精治）
本文イラスト／ミサア
齋藤享子

万一落丁、乱丁などの不良品がございました際にはお取替えいたします。

ISBN978-4-434-24929-7

三楽舎プロダクションの目指すもの

三楽舎という名称は孟子の尽心篇にある「君子に三楽あり」という言葉に由来しています。

孟子の三楽の一つ目は父母がそろって健在で兄弟に事故がないこと、二つ目は自らを省みて天地に恥じることがないこと、そして三つ目は天下の英才を集めて若い人を教育することと謳われています。

この考えが三楽舎プロダクションの根本の設立理念となっています。

生涯学習が叫ばれ、社会は少子化、高齢化さらに既存の知識が陳腐化していき、われわれはますます生きていくために、また自らの生涯を愉しむためにさまざまな知識を必要としています。

この知識こそ、真っ暗な中でひとり歩まなければならない人々の前を照らし、導き、激励をともなった勇気を与えるものであり、殺風景にならないように日々の時間を彩るお相手であると思います。

そして、それらはいずれも人間の経験という原資から繭のごとく紡ぎ出されるものであり、そうした人から人への経験の伝授こそ社会を発展させてきた、そしてこれからも社会を導いていくものなのです。

三楽舎プロダクションはこうしたなかにあり、人から人への知識・経験の媒介に関わり、社会の発展と人々の人生時間の充実に寄与するべく活動してまいりたいと思います。

どうぞよろしくご支援賜りますようお願い申しあげます。

三楽舎プロダクション一同